古典文獻研究輯刊

二十編

潘美月・杜潔祥 主編

第6冊

《國語》考校
—— 以明本四種校勘條目爲對象（上）

郭萬青 著

國家圖書館出版品預行編目資料

《國語》考校──以明本四種校勘條目為對象（上）／郭萬青
著 -- 初版 -- 新北市：花木蘭文化出版社，2015〔民104〕
序 2+ 目 2+190 面；19×26 公分
（古典文獻研究輯刊 二十編：第 6 冊）
ISBN 978-986-404-087-2（精裝）
1. 國語　2. 校勘

011.08　　　　　　　　　　　　　　　　　　103027398

ISBN-978-986-404-087-2

9 789864 040872

古典文獻研究輯刊
二十編　第六冊　　　　ISBN：978-986-404-087-2

《國語》考校──以明本四種校勘條目為對象（上）

作　　者　郭萬青
主　　編　潘美月　杜潔祥
總 編 輯　杜潔祥
副總編輯　楊嘉樂
編　　輯　許郁翎
企劃出版　北京大學文化資源研究中心
出　　版　花木蘭文化出版社
社　　長　高小娟
聯絡地址　235 新北市中和區中安街七二號十三樓
　　　　　電話：02-2923-1455／傳真：02-2923-1452
網　　址　http://www.huamulan.tw 信箱 hml 810518@gmail.com
印　　刷　普羅文化出版廣告事業
初　　版　2015 年 3 月
定　　價　二十編 24 冊（精裝）台幣 42,000 元

《國語》考校
——以明本四種校勘條目爲對象（上）

郭萬青　著

作者簡介

郭萬青（1975～），男，山東寧津人，副教授。廣西師範大學漢語言文字學碩士畢業，師從王志瑛教授；南京師範大學中國古典文獻學博士畢業，師從方向東教授。研究方向爲中國古典文獻學、訓詁學、古漢語語法。在《文獻》、《敦煌研究》、《古籍整理研究學刊》、《人文中國學報》、《東亞文獻研究》等國內外學術期刊上發表學術論文 60 餘篇，出版著作《〈國語〉動詞管窺》、《〈國語補音〉異文研究》、《小學要籍引〈國語〉研究》等 5 部，主持或參與國家、省級項目多項，曾獲全國高校古委會中國文獻學博士生三等獎學金、市社科一等獎等。

提　要

通過比對《國語》在明代的四種版本——正德十二年明德堂刊清人丁丙跋本、明嘉靖四年許宗魯宜靜書堂刊本、明嘉靖七年金李澤遠堂本和明萬曆六年童思泉刊本，以金李本爲底本錄文，得出明本四種存在不同的條目 1333 條。以得出的 1333 條爲校勘材料，再和慈利楚簡本、敦煌殘卷寫本以及宋刻宋元遞修本等傳世《國語》的諸多傳本、刻本和印本一一對照。本成果的主要內容如下：一、引言部分：探討《國語》的語料價值與史料價值、《國語》的流傳及其版本系統、《國語》的勘校和確立定本的必要性及可能性等。二、主體部分：根據《國語》分卷順次對涉及到的 1333 條勘校條目進行文字、訓詁以及版本方面的探討。每一條勘校大體包括這樣幾個方面：（一）按照《國語》傳本的時代前後順序依次校錄各本的異文；根據《國語》各本異文的異同，初步判定《國語》各本之間的親緣關係。（二）比較異文，確定是非取捨。（三）對《國語》各本存在著的章目分合不同的問題，也在相關位置一一揭出，並且對於《國語》各本篇章分合的異同進行辨析。（四）惠棟和段玉裁、盧文弨等人的批校，也在相關條目之下一一引錄辨析。三、結語部分：（一）對以《國語》明本四種校勘形成的 1333 條爲基礎的考校形成的《國語》異文問題進行整體總結。（二）通過異文勘校的梳理與總結，對《國語》分章問題進行全面總結與分析。（三）以 1333 條考校條目爲基礎，進一步確定《國語》各本之間的關係。

自 序

　　2003 年 9 月，我在做了三年中學語文教師之後負笈桂林，從學於我的碩士生導師王志瑛教授，攻讀漢語言文字學碩士學位。王老師本科畢業於南京師範學院（今南京師範大學）中文系，受學於徐復老等諸位先生。王老師又於 1979 年考取廣西師範大學中文系陳振寰教授的碩士生。陳振寰教授是王力先生的學生，副博士畢業之後到廣西師範大學工作。故王老師在受到章黃學派的訓練之外，復受王力語言學的訓練，在《楚辭》及屈賦語法研究方面有多篇重要論作。我從王老師問學之後，王老師在 2003 年底提起了一個研究計劃，即作「《國語》系列語言研究」計劃項目，並引導我進入《國語》專書的語言研究領域中。在王老師的指導下，我完成了《〈國語〉動詞語法試述》的碩士學位論文，畢業之後修訂成《〈國語〉動詞管窺》一書在成都四川大學出版社出版。碩士畢業之後，我也一直在王老師提起的研究規劃範圍內繼續做事情，涉及到《國語》的多方面問題，如《小學要籍引〈國語〉研究》、《〈國語補音〉異文研究》等以及與本書相關內容的一些研究成果等。當然這些研究還是麤淺和初步的。

　　2010 年 9 月，我又在普通高校任教了四年之後負笈南京，隨從方老師問學，攻讀中國古典文獻學博士學位。方老師是徐老、錢老的及門弟子。很長時期以來，方老師又是徐老、錢老在南京師範大學的唯一傳人，高擎章黃的大纛，遊藝四部，尤以賈子之學與禮學最為學界所重，成果宏富。在方老師指導下，我較為系統地繼續對《國語》的相關信息進行搜集整理，並繼續以《國語》作為研究專題，完成了博士學位論文《唐宋類書引〈國語〉研究》。

　　南京圖書館藏書宏富，早已聲隆宇內，其中庋藏《國語》各本信亦不少。然生性怠惰，雖在南京待了兩年多，竟未一往觀書。至於 2013 年 3 月份，心下想，再不去，則眞入寶山而空回了，於是決定去。當然此前還有一個誘因，即賈繼用兄跑到南圖來替他的師姐查閱《鶴年詩集》，我就請孫曉磊同學一起去，意在短時間內可以校完。中間休息的時候，看到南圖有電子掃描版的丁丙八千卷樓藏配補本的金李本，丁丙的金李本原爲黃丕烈舊藏，還鈐有「士禮居藏」的印，所配補的是卷七至卷一四，用黃丕烈刊明道本，前六卷和後七卷皆爲金李本，且前六卷多有惠棟校語及校記，實爲惠棟校本，比《札記》所引既多且詳。突然意識到自己的懶惰實在需要大批特批，遂萌到南圖看書之想。先把《四部叢刊》本《國語》複印作爲底本，帶複印件到南京圖書館，把黃丕烈舊藏本的校語一一逐錄。因爲是電腦上有的掃描件，不需要開證明即允許閱讀。後來打算儘量多看一些本子，於是請孫曉磊幫忙去文學院辦公室開了證明，於 2013 年 4 月 19 日到南圖看書，一直看到 2013 年 5 月 20 號，後來又斷斷續續看了一些時候。所觀者爲丁丙跋明明德堂正德十二年本、許宗魯本、童思泉本、李克家本、以及金李本原本等。凡有不同，一一記錄。

　　2013 年暑假期間，又把自己比對所得的條目錄入電腦，共得 1333 條。又旁參所能找到的《國語》各本，輔以語言文字學典籍及相關研究成果，詳加比勘，辨明甲乙，並爲按斷。相信對於漢字字形、異體字研究、《國語》版本系統、《國語》訓詁、《國語》文本的釐定以及《國語》的全面整理與研究都具有一定的意義。

　　清人汪遠孫於《國語》用功頗深，撰爲《國語校注本三種》，其中校理的部分名爲《國語明道本攷異》。今書稿撰成，亦務於校理，故名之爲《國語考校——以明本四種比勘條目爲對象》。當然，由於個人的水平有限，錯訛武斷之處在所難免，祈請四方博雅君子不吝賜教！

歲在癸巳孟冬丁亥火盆陳邨人識於麥望館

目次

引　言

一、漢語史語料的校勘和《國語》本文形式的確定

　　漢語史的構建大約主要靠兩個方面的工作完成，一個是斷代研究，一個是專書研究。實際上斷代研究也往往建立在專書研究的基礎上。因此，專書語言研究在漢語史構建中就顯得尤其重要。郭錫良教授說：「古漢語語法專書研究是建立漢語斷代語法和漢語語法發展史的可靠基礎。」〔註1〕把郭錫良論述中的「語法」換成「語言」照樣合適。何樂士（1930～2007）教授也在《專書語法研究的幾點體會》一文中談到了專書語言研究尤其是語法研究的重要意義，她認爲：（1）專書語法研究是漢語史研究的基石；（2）專書語法研究是專題語法研究的重要依據；（3）專書研究是比較研究的必要條件；（4）專書研究是建立新的理論的一個重要途徑；（5）專書語法研究的成果是檢驗自己或前人成說的有力武器〔註2〕。何樂士教授是大陸專書語法研究和專書語言研究的較早踐行者和《左傳》語言研究的重要專家，由於其個人專書研究實踐宏深，故而所談也更爲深入而系統。

　　也正如郭錫良教授所說：「專書語法研究是一個全面鍛煉的過程，也是一個全面積累經驗、全面積累科研素材的過程。從專書的整理開始，版本、校勘、標點、今譯，這是前期的準備工作。」〔註3〕爲什麼要做這個前期準備

〔註1〕　郭錫良：《古漢語專書語法研究漫談》，見載於氏著《漢語史論集》（增補本），北京：商務印書館2005年版，頁307～310。

〔註2〕　何樂士：《專書語法研究的幾點體會》，見載於氏著《古漢語語法研究論文集》，北京：商務印書館2000年版，頁360～384。

〔註3〕　同上。

工作呢？金啓華（1919～2011）教授云：「由於古代書寫工具的不同，從簡帛、銅器、甲骨、紙張、抄寫、排版等方面的變遷，古書中確有很多錯簡、漏刻、讀法等的不同或訛誤。因此，異文本的出現，則讀它必須求眞避誤，具有判斷力。」〔註4〕就漢語史研究而言，漢語史的研究對象——出土文獻和傳世文獻都是漢語史語料。由於文字字形的變遷、抄寫者的個人差異、各個時代的避諱以及相關問題，所有的漢語史語料都需要釐定，即在比較版本異同的基礎上確定最符合該語料文本的文本形式。關於這一點，張以仁（1930～2009）教授在其論文《訓詁學的舊業與新猷》中也進行過闡述，他說：

> 古人早已化爲塵土，他們沒有留下錄音帶或留聲片。我們所面對的材料完全是文字的記錄，因此，有些屬於文字方面的問題便產生了。譬如材料的甄別問題、字體的結構問題、乃至文字的假借問題等。
>
> 材料的甄別，包括校勘與考證兩方面。古籍流傳，屢經翻刻傳鈔，編合抽離，常常造成各種各樣的錯誤，有時和語言毫無關係。如果沒有一番甄別整理的工夫，不僅可能導致結論的偏失，往往還鬧笑話。前賢討論古語古義，往往校勘、訓詁間雜而出，不是沒有原因的；古籍流傳，譌亂而外，又有僞作。有的是故意作僞，有的是後人誤認作時、作者，這種地方，如果沒有考證的工夫，勢必造成整個語義演變系統的絮亂。辨識字句的訛誤、資料的眞僞，自然便要涉及校勘之學、考據之學。這種材料的甄別工夫，事實上也是一切學問的基礎，不僅是訓詁學而已。〔註5〕

張氏的話，比郭的更爲具體，已經爲漢語史語料的前期研究提出了基本的範式、方法等等。

當然，這裏面有一個怎麼來看待「最符合該語料文本」的問題。古典文獻學的主要任務是復原存眞，這也是進行古籍版本校勘的主要目的所在。可是「原」和「眞」的標準究竟如何確定？距離今天越久遠的古籍，這個問題就愈難處理。因爲有些古籍是春秋時期就已經存在著的，首先要根據漢字史

〔註4〕 金啓華：《〈後讀書雜志〉讀後》，《文教資料》1997年第4期，頁133～134。
〔註5〕 張以仁：《訓詁學的舊業與新猷》，見載於《張以仁語文學論集》，上海古籍出版社2012年版，頁5～14。

的研究來確定當時的文字應用的實際面貌，在這個基礎上纔能去談「復原存眞」。可是即便是這個「原」、「眞」按照我們今天對春秋時期文字應用的實際面貌確立了，是否眞正能夠還原該書在春秋時期的實際面貌恐怕也還是一個問題。因爲我們今天掌握的春秋時期的文字應用的實際情形是經歷了歷代篩選之後留下來的，即便我們有比較多的出土文字材料作爲參照，恐怕也還稱不上完備。另外，文字不斷增多，文獻迭經傳抄，後世閱讀的文本也是經過一次次傳抄過的文本，不可能是該書的早期形式。如果要研究該書在魏晉隋唐的情形，是否也還要根據這個時期的文字應用狀況進行復原，但是這個時期的復原就更不容易去做。古籍的流傳中文字的改易只是就一定程度上而言，古籍的大部分內容以及古人傳抄刊刻古籍很大程度上也還力求保留本來面目。因此，「復原存眞」的標準也還值得進一步討論。不管其標準如何，最終的結果如何，漢語史語料總要進行一番整理，纔能做爲研究語料進行漢語史研究，這是毫無疑義的。典籍的文本形式確定實際上到版刻較爲發展之後纔實現。這一期間許多典籍都有了不止一種版本，而且版本之間因爲種種的原因會存在不同，這些不同可能並不牽涉上述「復原」問題，但是也給語料的定性、定量以及相關研究帶來了一些麻煩，確實需要釐清確定。因此，把這一步工作做好也是相當重要的。這也是目前漢語史語料尤其是先秦兩漢語料所面臨的比較重要的問題和在進行語言研究之前有必要進行的一番工作。

　　《國語》作爲一部先秦時期的語料和史料文本，也面臨著同樣的問題，即定字（定形、定音、定量、定序）、定義以及時代或地域的確定。就《國語》而言，其文本的確定性需要《國語》各個傳本以及相關材料的勘正和具體語義的探討。筆者認爲，《國語》文本形式的確定以及語義探討需要藉助四個方面材料：（1）出土的《國語》文本和傳世《國語》各個版本的校勘；（2）歷代《國語》研究著作的梳理與研究；（3）羣書引《國語》資料的整理與研究；（4）先秦兩漢其他典籍包括相關時期的出土文獻與《國語》同內容篇章或語段的比對與研究。

　　總之，《國語》文本的確定是《國語》語言研究和《國語》相關研究能夠開展的首要前提。而《國語》版本異文的梳理與清理是確定《國語》文本的一個重要方面。

二、《國語》的版本系統及其問題

此處所用版本爲「版本」的泛化概念。從版刻出現的年代角度而言，可以首先把《國語》的版本系統分爲版刻前時代和版刻時代兩大類別。其中版刻前時代即在雕版印刷術產生之前《國語》的流傳情況。

（一）版刻前時代的《國語》傳本

目前可知的版刻前時代的《國語》傳本包括慈利竹簡本、肩金吾漢簡本和敦煌殘卷本三種。

慈利竹簡本是目前所見的《國語》傳本中最早的文本。該簡出土於 1987 年，時共出土 4371 件，較完整的簡大約存字二萬多。其中《吳語》部分大約存有 300 字左右。根據蕭毅研究的材料，一共 307 個字，包括語句中本來有字而脫漏的 27 個字，實際上實有字數爲 280 字。慈利竹簡本是目前存世最早的《國語》傳世殘本。

此後一段時間內的《國語》傳本，目前可見的則爲肩金吾漢簡本。此本目前所見者只有 12 個字，估計是其他典籍中的引文，也或者是《國語》殘簡。肩金吾漢簡本的字數更少，對於今傳《國語》文本很難談到價值。

此後可見的傳本爲今甘肅敦煌研究院藏敦煌殘卷寫本。此本爲《周語下》部分內容，包括正文 802 字，注文 1081 字。該本早在 20 世紀 60 年代就有蘇鑒輝的研究文章，此後饒宗頤、王利器（1911～1998）都進行過專門的研究，張以仁、陳鴻森的論文中也都涉及到該殘卷。後來拙稿《甘肅藏敦煌殘卷寫本〈國語·周語下〉校記》〔註6〕即在參照上述幾家說法的基礎上，參照今傳本《國語》多本進行勘校疏理。這個寫本的價值具有以下幾個方面：（一）用以與今傳《國語》各本比勘；（二）豐富了《國語》舊注的內容；（三）爲韋注的比較研究提供了參照。

這是版刻產生之前《國語》傳本的基本情況。

（二）版刻時代的《國語》傳本

版刻時代的《國語》傳本由於分類標準不同，故而系統類別亦不相同。

〔註 6〕 拙稿《甘肅藏敦煌殘卷寫本〈國語·周語下〉校記》，《敦煌研究》2009 年第 3 期，頁 63～72。又經增訂附錄於拙著《小學要籍引〈國語〉研究》之後，新北：花木蘭文化出版社 2014 年版，頁 359～399。

如果從寫本與刻本的角度而言，則版刻時代的《國語》傳本可以分爲寫本和刻本。寫本主要爲清代四庫館臣編纂的《四庫全書》系列本，現在比較容易見到的爲《攡藻堂四庫全書薈要》、《文淵閣四庫全書》和《文津閣四庫全書》等三種叢書中的。《文瀾閣四庫全書》因存世不全，至於是否尚有《國語》，因沒有詳細調查過，不可得知。此外，中國大陸的甘肅省還存有一部《文溯閣四庫全書》，正在動議影印中，至於其詳，亦不可得知。刻本則從宋代開始一直到晚清，代不乏精刻本。其中刻本又可以分爲活字本和雕版刻本兩種。活字本目前所見唯有日本國立國會圖書館所藏的朝鮮活字本《國語》，這個本子是明道本在明早期的傳本，可藉以與黃刊明道本相比勘，發現並解決黃刊明道本的諸多問題。另外還有朝鮮哲宗十年（咸豐九年）活字本，從著錄資料看，該本當是覆刻張一鯤本之本，因只見著錄資料，具體情況尚不知道。此外就是雕版刻本，包括今存最早的宋刻宋元遞修本以至於清末的寶善堂重刻明道本等。

如果從版本系統的角度而言，則包括兩大版本系統，即公序本和明道本。明道本的版本系統比較單純，包括活字本、抄本和雕版刻本，活字本即上所言朝鮮活字本，抄本即毛鈔本和錢抄本，刻本即黃丕烈（1763～1825）讀未見書齋以及後來的覆刻本、重刻本等，覆刻本如崇文書局刻本、永康退補齋刻本、蜚英館石印本、博古齋石印本、掃葉山房石印本、錦章書局本、會文堂本、鴻寶齋本等，重刻本則爲光緒乙未（1895）寶善堂刻本。抄本目前無緣得見，而且其中錢鈔本的下落不明，毛鈔本則經由陸心源（1834～1894）的皕宋樓舶載而東，藏在日本靜嘉堂文庫。日本學者河田羆（1842～1920）編訂的《靜嘉堂秘籍志》對毛鈔本有著錄。

公序本的版本系統則相對較爲複雜一些。從文本內容上看，可以分爲韋注本、韋注補音合刊本、白文本、評注本、選本或刪注本、注疏本等，韋注本包括弘治本、許宗魯本、金李本、詩禮堂本、《四庫全書薈要》本、《文淵閣四庫全書》本、《文津閣四庫全書》本等；韋注補音合刊本分爲兩類，其一爲《補音》附於《國語》之後，如宋刻宋元遞修本、明德堂本、《文淵閣四庫全書》本、《文津閣四庫全書》本等，其一爲《補音》散入《國語》正文各相應位置，如張一鯤本、綠蔭堂本、文盛堂本、成文堂本、朝鮮哲宗十年本等；白文本目前所見刊本中只有吳勉學本一種；評注本則包括穆文熙評本及其系列版本，如《國語評苑》、道春點本、千葉玄之本、秦鼎本、高木熊三郎本等；

選本或刪注本則包括百家類纂本、二乙堂本、《國語鈔評》、閔齊伋本、孫琮本、高嵩本等；注疏本只有一種，即董增齡《國語正義》。從版本形態上，可以分爲鈔本和雕版刻本和活字刻本，抄本則唯《四庫全書薈要》本、《文淵閣四庫全書》本、《文津閣四庫全書》本，其他皆爲雕版刻本和活字刻本。如果從版本系統上進行分類，則可以分爲遞修本、明德堂本、張一鯤本、《四庫全書》本等子系統。明德堂本下可以有許宗魯本、金李本、童思泉本、詩禮堂本、《國語鈔評》等；張一鯤本下則可以分爲張一鯤本及其覆刻本、穆文熙《國語評苑》等，穆文熙《國語評苑》下又可以分爲穆文熙《國語評苑》及其覆刻本、道春點本、千葉玄之校本、秦鼎本、高木熊三郎標注定本等；《四庫全書》本下則包括《四庫全書薈要》本、《文淵閣四庫全書》本、《文津閣四庫全書》本及其他幾大閣的本子，由於我們目前只能看到《四庫全書薈要》本、《文淵閣四庫全書》本、《文津閣四庫全書》本，故所談到的《四庫全書》本也只對這三個本子而言。

（三）《國語》版本方面的諸多問題

就版刻時代的《國語》版本系統而言，是單純的。但是就《國語》各本之間的前後承襲關係而言，則問題比較複雜。首先，今傳遞修本和明道本之間有許多地方是相同的，包括許本也存在著這樣的現象。那麼就有一個早期公序本、公序本和明道本之外的其他《國語》各本、明道本的前後承襲問題；其次，公序本內部各本的關係問題。如果籠統地分類，我們可以提出幾個關鍵人物，比如宋庠（996～1066）、許宗魯（1490～1559）、張一鯤、穆文熙（1532～1617）、秦鼎（1761～1831）。但是就今天是否有真正的宋庠校本存在這一點而言，我們是不敢下肯定結論的，至少從現存最早的遞修本上還無法做出這一推斷。第三，各國語之後首錄《補音》對各國的解釋。此前一直以爲是張一鯤本開其端緒，後來看到許宗魯本，以爲是許宗魯本，後來看到日本國立國會圖書館藏朝鮮活字本，纔知道在明正統年間（1436～1449）已有此例，而且活字本是目前可見的最早把《補音》各條散入韋注中的本子。以前是否還有？難以得知。當然從所參據到的《國語》傳本上，我們知道以活字本爲最早，而且活字本是明道本系統。而在中國本土，直到沈鎔（1886～1949）的《國語詳注》，纔借鑒到公序本的這種方式；第四，穆文熙《國語評苑》雖然以張一鯤本爲底本，但恐怕其細端也還不同；道春點本和千葉玄

之本肯定不同，道春點本和穆文熙《國語評苑》也肯定不完全相同，借鑒了黃刊明道本的秦鼎本和千葉玄之本就更有諸多不同之處；明清的公序本中，詩禮堂本存有康熙間印本和乾隆丙戌（1766）印本的區別，這兩次印本不完全相同，即便同署爲乾隆丙戌刊刻的詩禮堂本各本也還存在差別。《四庫全書》本中的《四庫全書薈要》本開公序本借鑒明道本優長之處的先河，但是《四庫全書》本各本之間吸納明道本以及其他《國語》版本成分多少並不相同，以《四庫全書薈要》本吸納最多，《文淵閣四庫全書》本、《文津閣四庫全書》本次之，比如公序本系統中《周語上》「昔我先世后稷」，薈要本根據明道本改作「昔我先王世后稷」，校勘記云：「謹案：卷一第二頁前一行『昔我先王世后稷』，刊本脫『王』字，據宋本增。」〔註 7〕文淵閣本從薈要本增「王」字，文津閣本則仍保持公序本原貌，可見四庫本各本之間也並不相同。故而《四庫全書薈要》本、《文淵閣四庫全書》本、《文津閣四庫全書》本《國語》文本和詩禮堂本也存在著諸多不同。又活字本「經筵所藏《國語》與《音義》一本」中的《音義》和《補音》究竟是什麼關係？凡此，仍然需要進一步深入研究。

三、所參據《國語》各本情況

　　拙著《小學要籍引〈國語〉研究》已經利用到了《國語》的一些版本，至於《〈國語補音〉異文研究》與《隋唐類書引〈國語〉研究》〔註 8〕，所用《國語》版本比《小學要籍引〈國語〉研究》更多，而且《〈國語補音〉異文研究》引言對於所參《國語》各本以及關係做了較爲詳盡的考證和說明。此次校證所及《國語》版本又增加不少。今仍然按照時代和版本順序做一下說明，爲便於行文，前列簡稱。

　　（一）遞修本。此爲北京國家圖書館出版社 2006 年出版的中華善本再造工程第二輯影印的本子。爲南宋初期刊刻、南宋中期和元代進行過補修的本子。是目前存世最完整的、最早的《國語》本子。《〈國語補音〉異文研究》引言中對該本有比較詳盡的考辨，可參彼文，此處不贅。

〔註 7〕　（吳）韋昭注：《國語》，臺北：世界書局影印《攡藻堂四庫全書薈要》第 203
　　　　　冊，頁 27 上。

〔註 8〕　拙著《〈國語補音〉異文研究》，臺北：蘭臺出版社 2013 年版。拙稿《唐宋類
　　　　　書引〈國語〉研究》，南京師範大學中國古典文獻學專業博士學位論文，2013
　　　　　年。

　　（二）活字本。該本爲日本國立國會圖書館所藏，爲朝鮮活字本，刊刻年代不詳。全書總共 6 冊，第一冊爲周語上、中，第二冊爲周語下與魯語，第三冊爲齊語至晉語三，第四冊爲晉語四至晉語六，第五冊爲晉語七至楚語上，第六冊爲楚語下至越語下。全書內容順次爲韋昭《國語解敘》、宋庠《國語補音敘錄》、《國語》目錄、《國語》正文。半頁 10 行，行 17 字，注文小字雙行。第六冊最後有「圓光寺常住」墨筆題記，每一冊終卷之後皆有「圓光禪寺藏書」章。在《敘錄》之後、目錄之前單起一頁有題記一篇，交待本書刊刻原始，共 8 行，行 14 字，共計 112 字。如下：「經筵所藏《國語》與《音義》一本，頗有脫落。求之中國，得別本，闕逸尚多，註解亦畧。購求日本，又得詳、畧二本兼《補音》三卷以來，亦且不完。正統庚申夏，命集賢殿以經筵所藏舊本爲主，參考諸本，正其訛謬，補其脫落，仍將《音義》、《補音》芟荑煩亂，分入逐節之下。其不完者，韻書補之。於是爲書遂全云。」從該段文字知道該書始校於正統庚申（1440），既以經筵所藏爲底本，則說明該本的基本面貌還是朝鮮經筵舊藏，則時代更古。或可以見出明道本在明代早期甚至更早時期的流傳。但是這個活字本是以經筵所藏本爲底本、參校中國「別本」和「日本詳、畧二本兼《補音》三卷」的基礎上刻成的。雖然是明道本的早期版本，實際上已不純正，運用它來考訂明道本《國語》的問題時需要謹慎。

　　（三）丁跋本。爲清丁丙跋本，此本實爲明正德十二年（1517）明德堂刻本。在南圖所看爲膠片，著錄號爲 GJ/110217，原件著錄號爲 110220，著錄信息爲：《國語》二十一卷，（吳）韋昭注，《補音》三卷，（宋）宋庠撰。明刻本，清丁丙跋，四冊，卷一至卷五爲一冊，卷六至卷十一爲一冊，卷十二至卷二十一爲一冊，《補音》爲一冊。其中有浮簽，云爲明刊大字本，並謂「殆明正德口口宋刻本也」，各卷均有不同程度闕頁，《補音》三卷闕越語部分。每卷首作「×語×第×　韋氏解」，其刻字用字亦頗參差。《國語解敘》半面十行，行二十字。與金李本格式全同。然頗多俗字。

　　（四）許宗魯本。爲許宗魯嘉靖四年（1525）宜靜書堂刻本。許宗魯（1490～1559），字伯誠，又字東侯，號少華。明過庭訓（？～1628）《本朝分省人物考》卷一百四載其事頗詳，云許宗魯爲陝西咸寧人。許宗魯作字「精詣古法」，所以其所刻古籍用篆書直接楷化字，這也是其所刻《國語》的一個特點。南京圖書館藏有兩部明許宗魯宜靜書堂刻本《國語》，一部爲十

冊裝縮微膠片本，另一部爲四冊裝（許宗魯所刻《國語》，審臺北「國家圖書館」藏許氏宜靜書堂刻本《國語》一部，亦 10 冊，與南圖藏本同。《天祿琳琅書目續編》著錄爲二函 16 冊，北京中國國家圖書館藏本著錄爲 8 冊）。四冊裝者唯卷一首頁版心下有「宜靜書堂」四字，而十冊裝本則每頁版心下皆有「宜靜書堂」四字。並非如葉德輝所述作「宜靜書屋」。該本每半頁十行，行 20 字，少數行 19 字、21 字、22 字不等。依次爲韋昭《國語解序》、宋庠《國語補音序》、《國語》諸家名氏、諸國世系表、目錄、古文音釋、國語正文。宋庠（996～1066）《國語補音敘錄》文中本列有漢以來各家《國語》注解大略，許氏則從宋庠《敘錄》中刪去，把《國語》注家諸家名氏單列於後。但其所列諸家名氏有誤，如「左傳三十篇」，許本誤爲「三十一篇」；又「春秋外傳國語章句二十一卷」，許本誤爲「一卷」。又許氏在《諸國世系表》後面加案語云：「按《補音》所載諸國世系凡例不一，若無統紀。今祖春秋世系圖類書於首，以便觀者。」但是以許氏《諸國世系表》和《補音》各語卷首諸國注解對照，則二者實無二致，唯許氏將散見八處之文輯合於一處而已。《國語古文音釋》爲王鎣所撰。《音釋》最末有王氏識語云：「子許子刻《國語》成，授鎣復校。三豕既去，六書惟故，學士采焉。然童子授讀，尚迷心目。因校，隨筆以備遺忘，校終，得字凡五百有奇，命曰《國語古文音釋》，附於首卷，以便初學。凡直注者，本文也；凡稱『同』者，通用也；凡稱『音』者，音同義異也；凡稱『異』者，文各見而義亦異也。閩中王鎣謹識。」就整體上而言，王氏《古文音釋》專爲許氏所刻《國語》而作，並無獨立性，也很難談到學術價值。又見臺灣「國家圖書館」古籍影像檢索系統中所收美國伯克萊加州大學東亞圖書館藏許宗魯本有許宗魯《刻國語序》一篇，末署「□□□□月朔咸寧許宗魯伯誠父謹序」，序文所在書頁稍有殘損。許氏《刻國語序》將近 490 字，臚舉監本、閩本、大名本之失並詳述《國語》的價值。前在南京圖書館所見膠片本的許宗魯本兩種皆無《刻國語序》一篇，審丁丙《八千卷樓藏書目》載述許宗魯本《國語》亦不云許本前有《刻國語序》一篇，可見許本也非刻過兩次，至少也有三次以上的刊刻。

　　（五）金李本。爲明嘉靖七年（1528）金李澤遠堂刻本。金李資料所見甚少，生平不詳。吳梅（1884～1939）《瞿安日記》卷一「舊曆辛未九月初五」下云：「述古舊鈔《廣卓異錄》、元本《杜工部集》（爲吳門金李舊藏。金字稚

先，即刻《國語》者）。」〔註9〕目見檢得的金李個人信息也僅此一條。南京圖書館收藏的金李本是用黃刊明道本配補的，有「八千卷樓」、「齊陽天府」、「士禮居」、「黃丕烈印」、「蕘圃」等印章。金李本實是黃丕烈舊藏，錄惠棟（1697～1758）校語本，惠棟校語錄至齊語，自晉語一至於晉語九用黃丕烈讀未見書齋重刊天聖明道本《國語》補配。且周語上、周語中全部施以圈點。僅就前六卷惠棟的校語而言，學術價值極高，該藏本已入國家珍稀古籍名錄。此外，即是《四部叢刊》所收的金李本，本文簡稱「《叢刊》本」，和金李本不完全相同，因爲在處理模糊字跡的時候，《叢刊》本有的是以意斷之，有的則是參照黃刊明道本進行校改的。以意斷之的地方有些搞錯了，而參照明道本的地方又沒能守公序本的規矩。因爲本書在校對的時候是以之爲底本的，故時參金李本原本加以校對。

　　（六）《百家類纂》本。此本實爲明代沈津所輯《百家類纂》，《國語》在該書卷二，一共六十三面，除了《鄭語》沒有選錄外，其他各語基本都有選錄，有的還是全文錄入。爲濟南齊魯書社 1997 年輯印《四庫存目叢書》影印浙江圖書館藏明隆慶元年（1567）含山縣儒學刻本。半面 11 行，行 22 字。這個本子基本上只錄《國語》原文，採錄注文較少，一共只有 86 處。

　　（七）童思泉本。童思泉本晚出，爲萬曆六年（1578）刊本，三冊。《國語解敘》爲手寫上版，字法精妙，頗足觀瞻。次爲童氏按，次《國語》正文，卷一至卷四爲一冊，卷五至卷十一爲一冊，卷十二至卷二十一爲一冊，無目錄。首頁鈐「恬安」篆章一、「蘇南區文物管理委員會藏」篆章一、「槐蔭堂主」篆章一，其中「槐蔭堂主」篆章爲陰文。童氏刊刻之時或分《國語》爲六個部分，故分別於卷一、卷三、卷六、卷十、卷十四、卷十八首頁版心最下分別書「禮」、「樂」、「射」、「御」、「書」、「數」六字以別之。凡頁碼「一」皆書作「乙」。童氏按云：「是編梓行久矣。但番刻者眾，差謬愈多，讀者患焉。本坊懇求博洽君子重加考訂，與舊刻不同，買者辨之。萬曆戊寅仲春月思泉童氏謹白。」這只不過是童氏爲自己的印本所做的鼓吹。就整體而言，童本前幾卷刻印還好，尤其韋昭《國語解敘》手寫上版，筆法靈動，頗可賞觀。然從卷六之後刻印字體粗劣，且多俗字別體，譌誤也相當多，實並非佳刻。

　　（八）張一鯤本。此處所用張一鯤本爲《王覺斯批校國語讀本》，該書爲

〔註9〕 吳梅：《吳梅全集》（日記卷上），石家莊：河北教育出版社 2002 年版，頁 6。

遼瀋書社 1934 年影印本。王鐸（1592～1652）是明末清初的大書法家，書法造詣很高，其所批校《國語》中的批語具有相當高的美學價值〔註 10〕。其據以批校的《國語》本子實爲張一鯤本的原刻，唯其中有一面殘損，爲後來配補而成。關於此本，拙稿《〈國語補音〉異文研究》引言部分有比較詳盡的介紹，可參。又清人葉昌熾（1849～1917）對張一鯤本有評，其《緣督廬日記抄》卷五云：「（戊子十二月）十二日，偕再同赴廠肆，略觀數家。再同得嘉靖刻《呂氏春秋》，余得巴郡張一鯤刻《國語》，宋公序《補音》已散入各條之下，據其凡例，已有刪削，然章昭注尙無增損，且雕印頗精，因購歸以解嘲。」又同卷：「（戊子十二月）廿九日……前在廠肆得明刻《國語》。再同有二本，出以對勘。再同一本前有嘉靖五年孟冬初吉蘭溪漁石子唐龍序，云：侍御史郭公自微觀風於秦，推其緒於是書而布諸學官。後有嘉靖丙戌冬十二月東萊趙伸序。又一本無序跋，似明初本，行款與嘉靖本同，疑即爲嘉靖本所自出。兩本皆附宋公序釋音，別刻在後。余本則釋音附入當條之下，且有刪節，非其舊矣。」〔註 11〕雖然張一鯤本比不上其前的刻本，但總體而言還是較爲精良的，葉氏之說可爲信論。

　　（九）李克家本。李本亦爲萬曆年間刻本，其具體刊刻年代和張一鯤本的刊刻時期一樣，也不甚明確。李克家本和張一鯤本的共同之處即在於把《補音》散入《國語》正文相關條目之下，故最能與張一鯤本相校。南圖所藏爲膠片，與許宗魯十冊本《國語》在同一個膠片上，爲「國會圖書館攝製北平圖書館善本膠片國語二種」，則其原本當在今北京國家圖書館。李本九行二十字。其中多處批校，爲顧廣圻（1770～1839）過錄段玉裁（1735～1815）、惠棟的校語，還有三處顧廣圻的題識，且其中有一處爲王欣夫輯《顧千里集》失收。更爲難能可貴的是，該本每面版心最下左書該面字數，右書

〔註10〕　詳見韓玉濤《王鐸的旋律論──〈王覺斯手批國語讀本〉書後》，見載於氏著《寫意──中國美學之靈魂》，深圳：海天出版社 1998 年版，頁 215～245。
〔註11〕　（清）葉昌熾：《緣督廬日記抄》，《續修四庫全書》第 576 冊，頁 462 下、頁464 下～465 上。按唐龍（1477～1546）爲明代前期人物，著述多種。清人胡鳳丹所輯《金華叢書》中收有唐氏《漁石集》四卷，其中卷二首篇即爲唐氏之《序國語》，作「侍御史雨山郭子自微觀風於秦克愼彝典遴修古訓乃推其緒於是書而布諸學官弟子員」，葉氏引有省文。審《中國古籍善本書目》《史部上》收有嘉靖五年刻本有姜恩刻本《監本音注國語二十一卷》一種，又有《國語》（附《補音》三卷）一種。葉氏謂兩本皆附《補音》，則唐龍序本或即《善本書目》所載嘉靖五年刻本《國語》（附《補音》三卷）。

刻工姓名，在各卷首頁還會刻上寫版者的名字，如首頁版心右側下即書「喻鎧寫姜良刻」，這種記錄方式在出版史上也有其價值。該本依次爲《國語解敘》、《國語》正文、宋庠《國語補音敘錄》。每卷末皆有「新建李克家校正」字樣。

（十）《國語評苑》。此爲明穆文熙（1532～1617）所輯纂者，以張一鯤本爲底本，錄柳宗元（773～819）、穆文熙、石星（？～1599）等人評語於上，是明代《國語》評點中的最具成就的著作。此處所參爲鄭以厚光裕堂萬曆二十年（1592）本。關於此本，拙稿《〈國語補音〉異文研究》引言部分有比較詳盡的介紹和考辨，可參。

（十一）《國語鈔評》，穆文熙纂，有萬曆十二年（1584）傅光宅等刊本、萬曆年間金陵胡東塘刻本。今審胡刻本，共八卷，書名全稱爲「新刻穆先生批點國語鈔評林」，書前有劉鳳所撰序言一篇，卷一爲周語全部，卷二爲魯語，卷三爲齊語至晉語二「虢公夢在廟」，卷四爲宮之奇諫假道至晉語四重耳返國，卷五自董因迎重耳於河至晉語七「稱王父王父不敢不承」，卷六自二月乙酉公即位至晉語九「遂滅知氏」，卷七自鄭語至楚語下，卷八爲吳語、越語，所收《國語》篇目並不完全，即便一篇之中的文字也有省略。其中所收每一篇都標立名目，早於陳仁錫（1581～1636）、鍾惺（1574～1624）評本，且所標篇目更能涵蓋該篇內容。今所參即爲萬曆年間金陵胡東塘刻本。胡刻本《鈔評》有時闕筆避「恒」、「桓」字諱。胡刻本整體刊刻字體靈動，很具有書法意味和觀賞性。

（十二）吳勉學本。吳勉學爲安徽歙縣人，隆慶、萬曆年間師古齋主人。萬曆間刻《國語》白文本，書前唯錄宋庠《國語補音敘錄》，半面九行，行十八字。仍按《國語》二十一卷。《國語》版刻史上白文本相當罕見，故吳勉學本在《國語》版刻史上具有獨特的地位。吳勉學本避諱字較少，「恒」、「桓」等字闕末筆，從「匡」之字，「匡」亦時時闕末筆。其他字則未見有避諱。今所參據爲原藏美國國會圖書館、臺灣國家圖書館在線圖像版。

（十三）閔齊伋本。此爲明烏程閔齊伋裁注的《國語》九卷，晉語分爲兩卷，其他各語各自爲卷，萬曆四十七年（1619）刻本。所謂裁注，即約減韋注而成之，注文置於正文每章之後。又於正文中的多音字或生僻字下注明讀音，時在書眉之上依據《補音》等補釋異文等。

（十四）詩禮堂本。此本爲曲阜孔傳鐸（1673～1735）刊本。傳世文獻

中詩禮堂本《國語》記載頗爲少見。首見於《四庫總目·國語》中，云：「此本爲衍聖公孔傳鐸所刊。」且謂爲戶部員外郎章銓家藏本。可知，《四庫全書》所用《國語》底本即爲孔傳鐸所刊本。又黃丕烈（1763～1825）《士禮居藏書題跋記》卷二云：「是書爲山東孔氏校刊本，書中確有改正處，特校未盡耳。」〔註12〕黃氏用孔本爲校宋本之匯校本。關於該本的得失，清人也有論及之者，如清汪由敦（1692～1758）《松泉集·文集》卷一五《跋韋昭國語解》即云：「年來覓韋昭《國語解》於京師書肆，迄不可得。今年秋，衍聖公廣棨入覲，餉以家刻《國語》。發而讀之，韋氏之名沒矣，而註則全。裝成，適有知武舉之命，乃攜之棘闈，以公餘爲之句讀。其譌字及篇段之不當屬而屬者，舛誤不少，惜不得善本是正，率以意改之，浹日而卒業。喜天之假以日，而愜所願也。書諸末簡，以志幸。」〔註13〕可見汪氏對詩禮堂本的評價不高，當然從汪氏的記載也可以證明詩禮堂本乾隆丙戌之前即有刊刻。審各圖書館所藏，亦皆謂詩禮堂本爲乾隆丙戌（1766）孔繼汾（1725～1786）所刊本。然詩禮堂本實兩次刊刻，第一次刊刻當在康熙年間，與乾隆刊本不盡相同〔註14〕。康熙年間印本首單行「×語×第×」，別起兩行署「闕里」，「闕里」左右兩行行線上分別署「孔毓圻翊宸鑒定」、「孔毓埏宏興參訂」，下分二行署「子姪傳鋕、傳鐸、傳鉅仝校」。乾隆丙戌詩禮堂刊本則首行題「國語第×」，別一行居下題「雲陽　韋昭　弘嗣　注」，又別一行居下題「闕里　孔傳鐸　振路　校」，又別一行頂格題「×語×」，另行起爲正文。孔毓圻（1657～1732），字鍾在，又字翊宸，康熙六年（1667）襲封衍聖公，爲六十七代。孔毓埏爲孔毓圻之弟。孔傳鐸（1673～1735），字振路，又字牖民，爲孔毓圻

〔註12〕　（清）黃丕烈：《士禮居藏書題跋記》，上海古籍出版社2002年輯印《續修四庫全書》第923冊，頁707下。根據顧廣圻的記述，實際上在刊印讀未見書齋重雕本《國語》時，黃丕烈、顧廣圻並未見過完全的明道本的抄本，黃丕烈收得五卷，顧廣圻收得三卷，二人合共得明道本抄本八卷，而且由於顧廣圻認爲黃丕烈所收五卷較爲粗劣，故並未據以寫刻（見顧廣圻撰，王欣夫輯：《顧千里集》，北京：中華書局2007年版，頁285）。他們所據以刊刻《國語》的底本，是匯集了各家批校的孔氏詩禮堂本。

〔註13〕　（清）汪由敦：《松泉集》，臺北：臺灣商務印書館1986年版《景印文淵閣四庫全書》第1328冊，頁845下。孔廣棨（1713～1743），爲孔傳鐸的兒子孔繼濩之子。雍正九年（1731）襲封衍聖公，31歲即卒。從汪氏所述和孔廣棨生卒可知，孔廣棨贈與汪氏的家刻本《國語》當爲孔傳鐸校本，亦即康熙年間印本。

〔註14〕　即便同署乾隆丙戌刊本者也不完全一致，詳見本書結語。

之子，襲封第六十八代衍聖公。傳鉽（1678～1731）、傳鉦皆傳鐸兄弟。孔繼涵（1739～1783）爲孔傳鉦之子，孔繼汾爲孔傳鐸子。今所據爲康熙年間詩禮堂本之殘卷本，僅存前五卷。

（十五）二乙堂本。此本爲康熙年間印本。首錄宋庠《國語補音敍錄》以爲《國語敍》，次《國語解序》，次凡例，次《國語》總目，次《國語》卷之一目錄，次正文，其他各卷之首亦先列目錄，各章皆有標題。爲「史官陳仁錫明卿竟陵鍾惺伯敬合評」，其注文亦約略韋注，仍隨文而注，施以圈點，並在正文相關語段之下施以評點。二乙堂本在明代即有刊刻，如崇禎年間本等。今所據康熙年間印本亦爲殘卷，只存前三卷。

（十六）道春點本。此本爲日本刻本，具體刊刻年代不詳，日本亦無相關資料對道春點本的具體刊刻年代進行說明。道春爲日本江戶時期著名漢學家林羅山（1583～1657）。該本應該是日本江戶時期重要的《國語》刊本，不論在《國語》研究史還是在日本《國語》研究中皆有其價值。該本和《國語評苑》最爲接近，皆施圈點。爲二十一卷，十冊裝。

（十七）京都大學圖書館藏道春點本。該本爲日本京都大學圖書館所藏道春點本，和道春點本完全相同。此本的價值在於該本有大量朱墨筆批校，對於《國語》的研究不無裨益。

（十八）薈要本。《四庫全書薈要》本《國語》爲乾隆四十二年（1777）校畢，該本比後來的《文淵閣四庫全書》本和《文津閣四庫全書》本都要精細，卷後著錄謄錄人員、校對人員名單，而且每隔兩卷或者幾卷之後撰有校勘記，校勘記總共 43 條，爲研究薈要本以及後來的文淵閣本、文津閣本等《四庫全書》系列本《國語》在以詩禮堂本爲底本的基礎上參據《國語》其他各本的基本情形提供了可靠的證據。本處所參據者爲《攤藻堂四庫全書薈要》，爲臺北世界書局影印本，收在第 203 冊。

（十九）文淵閣本。《文淵閣四庫全書》本《國語》爲乾隆四十四年（1779）五月校呈。此本比薈要本多出乾隆皇帝《御製讀國語》一篇，且《提要》也較薈要本詳細。本處所參據者爲臺北臺灣商務印書館 1983～1986 年出版《景印文淵閣四庫全書》之第 406 冊。

（二十）文津閣本。《文津閣四庫全書》本《國語》乾隆四十九年（1784）九月校呈。文津閣本提要較薈要本、文淵閣本皆簡略。本處所參爲北京商務印書館 2005 年影印《文津閣四庫全書》十二合一 500 冊裝之第 140 冊。關於

四庫本三種的基本情況，並見拙稿《〈國語補音〉異文研究》引言部分，此處不贅。

（二一）千葉玄之本。此本爲日本著名漢學家千葉玄之（1727～1792）重新校刻的本子，名爲《韋注國語》。大體以道春點本爲底本，依次爲《讀國語》、《重刻國語解敘》、《重刻國語補音敘錄》、《目錄》以及《國語》正文、《重刻國語附註》。前此的《國語評苑》、道春點本皆分兩欄，上欄刻各家評點，下欄刻《國語》正文。千葉玄之本則分三欄，既有個人的考證，亦採錄中國學者評點、日本學者論斷以及所參據《國語》其他版本的一些信息。該本當是秦鼎本的直接底本。今所參據者爲日本天明六年（1786）平安景古堂刻本。

（二二）黃刊明道本。此本爲黃丕烈讀未見書齋重刊天聖明道本《國語》，爲嘉慶庚申（1800）刊成。是明道本刻本中唯一流傳最廣、影響至遠的一個版本。由於明道本抄本在清朝初期受到眾多名家的推崇，又由於黃丕烈刻書的地位，黃氏刻本甫出即受到追捧。關於其具體情形，拙稿《從「菓」、「菓」之異試談黃刊明道本〈國語〉及其覆刻本的版本系統》、《張以仁〈國語札記〉補箋》等相關論文已經述及〔註15〕。全書依次爲錢大昕（1728～1804）序、段玉裁《重刊明道二年國語序》、韋昭（204～276）〔註16〕《國語解敘》、目錄、《國語》正文、《校刊明道本韋氏解國語札記》。今所參據爲美國哈佛大學燕京圖書館藏本。

（二三）秦鼎本。該本爲日本漢學家尾張士鉉（1761～1831）校訂的本子，全名爲《春秋外傳國語定本》。這個本子是日本漢學家所校《國語》中首先吸納明道本成分的本子。刊刻較多，流傳較廣。拙稿《〈國語補音〉異文研究》引言部分對該本有較爲詳細之介紹，此處不贅。這個本子是日本《國語》刊刻史的一個分水嶺。此前的《國語》刻本大抵以公序本爲主，黃丕烈刊明道本之後，日本上善堂在文化元年（1804）曾予以翻刻。秦鼎則以千葉玄之本爲底本，吸納了黃刊明道本的許多成分。該本依次爲《上國語定本牋》、《國

〔註15〕 拙稿《從「菓」、「菓」之異試談黃刊明道本〈國語〉及其覆刻本的版本系統》，《安徽文獻研究集刊》第 5 卷，合肥：黃山書社 2013 年版，頁 13～17。拙稿《張以仁〈國語札記〉補箋》，《臺北大學中文學報》第 13 期，頁 113～130。

〔註16〕 根據李步嘉考證，韋昭卒年爲公元 276 年，今從之。詳見氏著《韋昭〈漢書音義〉輯佚引書考》，《武漢大學》1988 年增刊。

語定本題言》、《韋昭略傳》、《國語解敍》、《國語補音敍錄》、《國語定本目錄》、定本正文、村瀨誨輔（1781～1856）識語、神野世猷（1772～1853）《國語定本跋》等幾個部分。此書最早刊刻當在日本文化五年（1808）。本處所參據者爲文化六年（1809）浪華書肆刊本。

（二四）綠蔭堂本。此本爲張一鯤本或張一鯤本覆刻本的翻刻本，具有一定參考價值。張一鯤本的覆刻本很多，明代就有好幾種，如李克家本、文盛堂本等。至於清代尤多，筆者在南京圖書館即見康熙間文成堂本，亦是翻刻自張一鯤本。唯與文盛堂本、綠蔭堂本不同的是，文成堂本並沒有把張一鯤的《序》和韋昭的《國語解敍》刪削合併，審嘉慶丙寅（1806）書業堂本亦然。綠蔭堂本則繼承明清時期文盛堂本盜割辦法，改頭換面，以南宋鮑彪校本出之。綠蔭堂本封面前半面有「蘇州綠蔭堂鑑記，精造書籍章」長方戳記，一行題「悉依左氏外傳本校正」，又別兩行大字題書名「吳韋昭先生國語廿一卷」，後半面分三行題「吳國高陵亭侯註解宋國鄭國公補音左丘明外傳後學平江李元度署檢」，「國高陵亭侯註解」單一行，後下有「蘇州綠蔭堂藏板」字樣。依次爲《國語敍》和張一鯤《敍》、宋庠《補音敍》、《校國語凡》和《國語》正文。共四冊，第一冊爲周語上中下，第二冊爲魯語上下、齊語、晉語一二，第三冊爲晉語三至晉語八，第四冊爲晉語九、鄭語、楚語上下、吳語、越語上下。審李元度（1821～1887）在徽州江浙一帶時間在咸豐十年（1860）至同治元年（1862），則題簽《國語》也當在此時。

（二五）崇文書局本。該本爲同治己巳（1869）湖北崇文書局重雕《天聖明道本國語》，此本是黃刊明道本的較早覆刻本，不避宋諱，這是區別於黃刊明道本的地方。依次爲錢大昕序、段玉裁《重刊明道二年國語序》、《校刊明道本韋氏解國語札記》、韋昭《國語解敍》、目錄、《國語》正文、《國語明道本攷異》。該本在避諱字和一些特徵字上並沒有完全依從黃刊明道本，流傳也較廣，這在清代黃刊明道本覆刻本中也是爲數不多的。

（二六）蜚英館本。亦爲黃刊明道本之覆刻本，光緒三年（1877）蜚英館石印《士禮居叢書》本。該本當是仿刻自崇文書局本，並非直接從黃刊明道本覆刻。和崇文本不同的是，該本依從黃刊明道本之舊，《札記》附後，而不是置於書首。

（二七）董增齡本。清代南潯學者董增齡著《國語正義》一書，爲清代《國語》注中的重要著作，以公序本爲主，兼采明道本，施註1425處。詳於

疏解名物典制，徵引堪稱宏富。短於訓詁，於普通詞語方面發明更少。顧頡剛（1893～1980）與黃永年（1925～2007）信中則謂「董書平庸」，或即因董書發明較少之故。今所據爲光緒庚辰（1880）會稽章壽康（1850～1906）式訓堂刊本。成都巴蜀書社 1985 年曾予以影印，然脫掉一面，且將章刊本原有的王引之（1766～1834）序文刪掉。董增齡本避「玄」字諱，往往改作「元」字，和其他《國語》各本避諱闕末筆的方式不同。

（二八）高木熊三郎本。日本學者高木熊三郎所著《標注春秋外傳國語定本》，浪華溫古書屋藏版。根據日本所藏中文典籍數據庫以及相關資料，高木氏的《標註國語定本》只在明治十七年（1884）刊行過一次，此後重印亦署明治十七年。是秦鼎《春秋外傳國語定本》的標注本，與近藤元粹（1850～1922）的《增註春秋左傳定本》性質相似。根據南海堂主人菊池純（1819～1891）所作《標注國語定本序》，高木熊三郎有感於《左傳》、《國語》二書《左傳》顯而《國語》讀者少，秦鼎《國語定本》和《左傳定本》二書中《左傳定本》讀者眾多而《國語定本》關注者少，乃以龜井元鳳（1774～1837）的《國語考》爲依據，和《定本》相參證。全書包括秦鼎《上國語定本牋》、菊池純《標注國語定本序》、高木熊三郎《例言》、《標注國語解敍》、《國語補音敍錄》、《國語定本目錄》、《韋昭略傳》、《國語定本題言》、正文。根據該書的《國語定本目錄》，高木氏的標注本應根據文化年間或嘉永年間的《定本》刻本。今所參據者爲上海復旦大學圖書館藏本。

（二九）寶善堂本。此本爲光緒乙未（1895）寶善堂刻本。自黃丕烈刊刻明道本《國語》，書坊所刻，莫不以似黃刊爲是。唯此寶善堂本爲重新刻印者，雖然也有一些誤字，但是在清代《國語》明道本刊刻史上具有特殊地位，故亦有其價值。有《國語》單行本和《國語國策合注》本二種。今所據者爲《國語》單行本。

（三十）博古齋本。此本爲民國二年（1913）上海博古齋石印《士禮居叢書》本，仿刻自黃丕烈讀未見書齋本，爲後世黃刊覆刻本中最接近黃丕烈讀未見書齋刻本者。臺灣藝文印書館 1974 年影印本所據底本當即爲博古齋本。

（三一）吳曾祺《國語韋解補正》。此本爲閩侯吳曾祺（1852～1929）所著，以黃刊明道本爲底本，酌情吸納公序本成分，開中國本土明道本《國語》系統中打破版本壁壘吸納公序本合理成分的先河。吳氏《補正》共加案語 1042

條，有相當一部分是承襲前人說法而不出注，也有吳氏自己的見解主張。該書初版爲宣統元年（1909）商務印書館鉛印 4 冊本，此後迭經印刷，至 1933 年又出國難後第一版 2 冊本。本處所參據者爲民國四年（1915）上海商務印書館排印本。關於吳氏《補正》價值及其相關情況，拙稿《吳曾祺〈國語韋解補正〉校補》有詳說〔註 17〕，可參。

（三二）《四部備要》本。爲上海中華書局排印本，書後附有《札記》和《攷異》。張以仁謂《國語》通行本以此本爲佳。

（三三）沈鎔《國語詳注》。沈鎔（1886～1949）輯注，王懋校訂，上海文明書局民國五年（1916）初版。吳曾祺《補正》和沈鎔《詳注》是二十世紀前半期流通較廣、普及度較高的《國語》印本。沈鎔《詳注》實際上是在參照吳曾祺《補正》的基礎上而成，又參照《補音》例，在每語之下加注，正文往往注明讀音聲調以及文字通假等，註釋列於每章之後。亦時有新見。關於其價值及相關情況，拙稿《沈鎔〈國語詳註〉補箋》有說，可參。今所參據爲上海文明書局民國十四年（1925）第六版。

（三四）林泰輔本。爲日本漢學家林泰輔（1854～1922）點校本。日本國民文庫刊行委員會大正十二年（1922）刊行《國譯漢文大成》，分經史子部和文學部，每一部書包括漢籍原文和日文譯注本。《國語》爲其中之一。林泰輔點校本《國語》原文全文施以圈點，並有校語 201 處。審其正文，是參合了公序本、黃刊明道本以及董增齡本的一個校訂本。

（三五）徐元誥《集解》。江西吉水徐元誥（1878～1957）所撰，上海中華書局民國十九年（1930）刊行。徐氏共加案語 1893 條，多爲總結前脩者，亦時時有新見。顧頡剛與黃永年信中則謂「徐書則簡直有常識性的錯誤」，故王樹民也認爲徐書「似所刊者爲其初稿而非定稿」〔註 18〕。其書參照《補正》、《詳注》以及相關公序本而成。其詳細已經在拙稿《唐宋類書引〈國語〉研究》引言部分中進行了論述，可以參考。徐氏《集解》一刊而止，雖經章太炎先生（1869～1936）題簽，然而海內外幾十年間重視這部書的人極少，徐仁甫（1901～1988）爲較早關注《集解》研究成果的學者。王樹民（1911～2004）對於《國語集解》的傳播與推動起了很大的作用。今所據者即

〔註17〕 拙稿《吳曾祺〈國語韋解補正〉校補》篇幅較長，其中《晉語》部分已經發表在《健行學報》第 33 卷第 2 期，頁 105～119。

〔註18〕 王樹民：《評〈國語集解〉》，刊於《河北師院學報》1988 年第 3 期。復收入氏著《曙庵文史雜著》，北京：中華書局 1997 年版，頁 355～358。

爲王樹民、沈長雲點校，北京中華書局 2006 年 4 月北京第 2 次印刷之修訂本。

（三六）《叢書集成初編》本，爲上海商務印書館 1937 年初版排印本，該本後附《札記》。拙稿《〈國語〉動詞管窺》引言部分介紹該本較詳，可參看。

（三七）上古點校本。爲上海師範大學古籍整理研究所點校之本，1978 年上海古籍出版社初版，1988 年出修訂本，1998 年出精裝本。此本普及度很高，大陸出版後不久臺灣也有了翻印本，後來的《國語》點校、譯注之本絕大多數以該本爲底本或重要標點依據。張以仁云：「坊間又有標點本《國語》，兼採明道、公序二本，並間採汪氏《攷異》的意見，前列分段名目，末附人名索引，頗便於初學。可惜擅自增改，而泯其痕跡，使人不能據以追循二本之舊貌。」〔註 19〕張氏對於上古點校本的評價是客觀的。實際上分段列名目自明人即已開始了，非自該本始。今所參據爲上海古籍出版社 1988 年印本。

以上是進行考校之時所參照到的主要本子。此外，尚參考到臺灣數位典藏的在線圖像以及相關在線資源。另外，尚參考宋庠《國語補音》、王懋竑（1668～1741）《國語存校》、關修齡（1721～1801）《國語略說》〔註20〕、陳樹華（1730～1805）《春秋外傳攷正》、恩田仲任（1743～1813）《國語備考》、黃丕烈《校刊明道本韋氏解國語札記》、汪遠孫（1794～1835）《國語明道本攷異》、陳瑑（1792～1850）《國語翼解》、俞樾（1821～1907）《羣經平議》、張以仁《國語斠證》、鄭良樹《國語校證》等《國語》校詁成果以及其他相關研究成果。

四、寫作意義、方式及目的

《國語》校理的工作，目前可知最早的當然是劉向、劉歆父子。眞正有

〔註 19〕　張以仁：《淺談〈國語〉的傳本》，見載於氏著《張以仁語文學論集》，上海古籍出版社 2012 年版，頁 199～202。
〔註 20〕　《國語略說》爲日本漢學家關修齡（1721～1801）所著，一共八卷，八國語各自一卷，分章進行，故而對於《國語》的分章研究也具有積極意義。每一章基本包括略說、考注、音補和正異等幾個部分。略說是對《國語》中某些語句說出自己的解釋，考注則是對韋注進行辨正，音補則是對具體文字的音切進行商討或者增補，正異是考辨異文，引述《國語》多本說明正誤。今所參據爲日本寬政四年（1792）刻本。

校勘條目流傳於世的,卻是韋昭《國語解》。韋昭《國語解》中有 23 條涉及到《國語》的校勘問題。可知,在韋昭的時代,《國語》就已經出現了文本異同的問題。至於《舊音》,徵引賈逵、孔晁、虞翻、唐固之本與韋注本相勘正。至於北宋宋庠,則以公私所藏十五六種與同年生緘所藏本勘正。至於清早期,王懋竑對張一鯤本之重刻本進行勘正。此後王引之、汪中、劉台拱、惠棟、段玉裁、陳樹華、黃丕烈、汪遠孫、千葉玄之、秦鼎、林泰輔、鄭良樹、張以仁也都對《國語》進行過勘正。那麼,今天還來做這樣一個工作,其意義何在?

　　首先,我們今天所能參考到的本子,和古人、前人所看到的不同。就整個清代《國語》校勘而言,系統整理校勘《國語》的只有陳樹華《春秋外傳國語考正》、黃丕烈《校刊明道本韋氏解國語札記》和汪遠孫《國語明道本攷異》這三部著作。這三部著作中,也只有陳樹華參考到了《國語》的較多版本,如元大德本、明弘治本等。《札記》以「別本」謂公序本,對公序本內部系統認識比較模糊,可見所參公序本也並沒有幾種。《攷異》所參據的公序本只是金李本和許宗魯本,這兩種陳樹華都已經參考到了,而且陳樹華對二本的區別比較嚴格,而汪遠孫則一般不去理睬二本的差異。千葉玄之和秦鼎參考到的版本稍微多一些,但是金李本、許宗魯本等明代《國語》的早期版本,他們是沒有參考到的。他們所參照的多是明末清初的帶有評點性質的《國語》版本,如陳仁錫、鍾伯敬、陶望齡等人的評點本以及閔齊伋本等這一類本子。鄭良樹參考到的《國語》版本只有董增齡本、秦鼎本和吳曾祺《國語韋解補正》,張以仁《斠證》參考到金李本、董增齡本、秦鼎本以及黃刊明道本的多種覆刻本和影印本。我們參考到的本子遠比前輩學者要多。即便是前人參考到的本子,我們也有一些新的條目。比如汪遠孫認為:「許宗魯、金李皆嘉靖重刻本也。許、金兩本間有異同,不復悉載。」〔註21〕通過比對,我們發現許宗魯本和金李本的異同也還是有進一步辨析的必要的,陳樹華雖然進行了考辨,但是仍然有疏漏。

　　其次,側重點不同。每種《國語》校勘著作的總量和各卷校勘數量比例是不同的。下面將各家校勘條目列表如下:

〔註21〕　(清)汪遠孫:《國語明道本攷異》,北京:商務印書館 1959 年版《國語》後附,頁 267。

	王懋竑	劉臺拱	汪　中	黃丕烈	汪遠孫	鄭良樹	張以仁	蕭　旭
韋　序	5		1	1				
宋敘錄	6							
周語上	38	5	21	91	239	74	142	31
周語中	32	1	11	46	222	29	92	39
周語下	47	3	9	64	283	51	95	75
魯語上	17	8	3	34	146	32	74	29
魯語下	22	5		37	157	39	70	60
齊　語	12	2	1	63	144	17	25	74
晉語一	16	1	6	17	144	18	55	35
晉語二	16			20	130	16	27	34
晉語三	22	3		16	100	7	54	23
晉語四	36	2	2	56	322	34	39	59
晉語五	11			15	71	14	53	24
晉語六	14			9	95	4	23	33
晉語七	13			13	71	9	41	23
晉語八	10	2	1	33	175	23	83	52
晉語九	11	3	1	17	99	44	24	43
鄭　語	4		2	39	125	18	22	24
楚語上	11	1	3	26	182	26	17	68
楚語下	6	1	1	30	176	52	22	39
吳　語	17	4	2	45	206	51	34	104
越語上	1	2	3	9	47	14	18	25
越語下	7			8	74	7	16	27
總　結	375	43	63	678	3198	579	1026	921

　　由於各家校勘所依據的本子不一樣，目的、方式不盡相同，所以各卷的校勘條目數量也不盡一致。即便是相同內容的條目，也對版本進行了更廣泛的搜羅，並且在文字、訓詁方面給予了更多的探討。

再次，通過更多數量版本的對比，可以對所參據到的《國語》各本的版本脈絡進行更爲精準的勾勒，對此前沒能釐清的問題進一步梳理並希望得到解決。

其基本工作方式爲：在進行校對之前首先複印《四部叢刊》本《國語》，將配補金李本的校語以及校改痕跡一一迻錄。然後再以許宗魯本、童思泉本和丁跋本以及金李本一一與《叢刊》本比勘，記其異同，此外，也酌錄了惠棟的部分校語以及丁跋本的部分批校。之所以用這幾個本子，是因爲這幾個本子的行字數是基本相同的。根據在複印件上謄錄的材料錄入電腦，形成工作條目。然後參照《國語》其他各本進行一一比勘，並且以前人時賢的相關成果作爲參照，指明是非。

目的之一即對所參據的《國語》各本之間的關係進行梳理；第二，通過考辨異文解決《國語》各本的文字問題以及漢字字形和異體字的相關問題；第三，通過具體考辨解決《國語》訓詁問題；第四，對《國語》的分章等相關問題進行探討。

國語解敘

【按】遞修本、丁跋本、二乙堂本、閔齊伋本、文津閣本、姚振宗〔1842〜1906〕《隋書經籍志考證》卷六「敘」作「序」，活字本、《國語評苑》、《集解》作「敘」，《詳注》作「敍」。董增齡本無「解」字，又活字本「解」作「觧」。薈要本作「國語原序」，文淵閣本作「自序」，補正作「韋敍」。「序」本義為房屋，引申為次第；「敘（敘、敍）」本義即為次第。就「言作其意」的文體性質而言，「序」和「敘（敘、敍）」差別不大。如許慎〈說文敘〉即置於《說文》整部書最後，而司馬遷〈太史公自序〉亦置於《史記》全書最末。薈要本「原序」、董增齡「國語敘」皆非，正當作「國語解敘（或作『序』）」。

1. 垂法於素王

【按】凡「法」字，許宗魯本基本都寫作「灋」，以饜其好古體之實〔註1〕。童本「於」作「于」。

經綸堂本「垂」作「乖」，亦「垂」之別體。

2. 博物善作者也

【按】遞修本、許宗魯本「也」作「已」。又秦鼎謂盧之頤本、閔齊伋本「也」字皆作「以」，審閔齊伋本、二乙堂本字皆作「以」，或「以」字當為

〔註 1〕 《說文解字・水部》：「灋，刑也，平之如水。从水、廌，所以觸不直者去之，从去。法，今文省。」見（漢）許慎：《說文解字》，北京：中華書局 1963 年影陳昌治覆刻平津館本，頁 202 下。

「已」字之誤。千葉玄之謂如作「以」字，則「以」字屬下句，亦當。若在「作者」之後，實以字作「也」爲勝，今《國語》多本並作「也」。若作「已」字，則或當通作「矣」。

又活字本、《國語評苑》「博」作「愽」，「愽」字見於《老子》乙本，《正字通》謂爲「博」字之俗。

3. 下訖魯悼智伯

【按】遞修本、丁跋本、許宗魯本、李克家本、閔齊伋本、詩禮堂本、薈要本、文淵閣本、文津閣本「智」作「知」。如依照公序本用古字的習慣，則此字確實當作「知」。然傳本混互，即公序本系統內部各本亦不盡守。「知」、「智」古今字，活字本、黃刊明道本及其覆刻本字大率作「智」。審公序本中，張一鯤本及其覆刻本等字作「智」，其他各本多作「知」。

又許本「訖」作「迄」，「辵」、「辶」一字，故「迄」、「迄」亦一字。審薈要本等字即作「迄」。「訖」、「迄」義同。

又高木本「魯」作「魯」，「魯」字爲「魯」別體。

4. 探測禍福

【按】許本「測」作「灡」。《漢語大字典》（第二版）收「灡」字，引《字彙補》以及《隸釋》爲釋〔註2〕，謂「灡」實與「測」同。《說文解字》云：「灡，籀文『則』，从鼎。」〔註3〕《說文》等字書字作「測」，不收「灡」。清人倪濤《六藝之一錄》謂「灡」爲「測」之籀文，當是類推得之。

5. 昭然甚明

【按】丁跋本「昭」誤作「照」。

6. 實爲經藝並陳

【按】丁跋本、張一鯤本、李克家本、道春點本、千葉玄之本、嚴可均（1762～1843）《全上古三代秦漢三國六朝文》、董增齡本、綠蔭堂本、書業堂本等「藝」作「藝」，許本作「執」，閔齊伋本作「蓺」。丁跋本、許本、閔

〔註2〕 漢語大字典編纂委員會：《漢語大字典》（第二版），武漢：崇文書局、四川辭書出版社 2010 年版，頁 1896。
〔註3〕 （漢）許慎：《說文解字》，同上，頁 91 下。

齊伋本等字皆是，遞修本、金李本、《叢刊》本等「蓻」字實爲「薮」字之誤，又活字本、二乙堂本、詩禮堂本、薈要本、文淵閣本、文津閣本、黄刊明道本及其覆刻本、《隋書經籍志考證》、朱彝尊（1629～1709）《經義考》、秦鼎本、高木本字作「藝」，亦是。

遞修本、許本、活字本、盧之頤本、薈要本、文淵閣本、文津閣本、二乙堂本、董增齡本、秦鼎本、高木本「實爲」作「實與」，從語境而言，「爲」未如「與」字更合，故千葉玄之以字作「與」爲是，可從。王懋竑亦云：「『爲』當作『與』。」〔註4〕

又許本、《國語評苑》、道春點本、千葉玄之本、秦鼎本等「並」作「竝」，二字異體。

7. 始更考校，是正疑繆

【按】遞修本、丁跋本、許本、活字本、李克家本、閔齊伋本、黄刊明道本及其覆刻本、董增齡本「繆」作「謬」，正當作「謬」。「繆」、「謬」音同可通，古書中多有「繆」通借作「謬」者。

8. 至於章帝

【按】丁跋本、李克家本、童本、二乙堂本「於」作「于」，許「於」作「亏」，「亏」實「于」字。凡從「于」之字，許多作「亏」形。

9. 爲之訓註

【按】遞修本、許本、李克家本、盧之頤本、閔齊伋本、二乙堂本、董增齡本「註」作「解」。審下句爲「解疑釋滯」，則本處「解」字恐涉下文而誤。薈要本、文淵閣本、文津閣本、黄刊明道本及其覆刻本「註」作「注」。《說文》有「注」無「註」，就「釋經明義」之義而言，「注」、「註」同。

10. 有所闕略

【按】活字本、丁跋本、《國語評苑》、閔齊伋本、文淵閣本「略」作「畧」。

〔註4〕 （清）王懋竑：《國語存校》，氏著《讀書記疑》卷一一，上海古籍出版社2002年輯印《續修四庫全書》第1146冊，頁341下。

11. 爲已憭矣

【按】許本「憭」作「瞭」。今所參《國語》各本中亦唯許本作「瞭」。王懋竑云：「憭，與『瞭』同。」〔註5〕桂馥（1736～1805）《說文解字義證》即云：「憭，或通作『了』。」千葉玄之云：「憭音了，《廣韻》曰：『昭察也。』」〔註6〕秦鼎云：「憭，快也。一說與『瞭』通。」〔註7〕蓋「憭」、「瞭」皆從「尞」字得聲，其義亦當同源。若從因形見義角度而言，則字作「瞭」字更爲明晰。

12. 故侍御史

【按】童本脫「史」字。

13. 尚書僕射丹陽唐君

【按】許本「射」皆作「躲」，「躲」、「射」異體字，《說文·矢部》云：「躲，弓弩發於身而中於遠也。从矢、身。射，篆文躲从寸。寸，法度也，亦手也。」〔註8〕

遞修本、明刊黑口本「陽」作「楊」，審《三國志》唐固本傳即作「丹楊」。王昶（1724～1806）《金石萃編》卷二六云：「丹陽，古雲陽縣。唐天寶初號丹陽，非晉漢之比。漢丹楊郡治秣陵，以山多赤柳得名，故古本丹楊皆從木也。」〔註9〕《三國志》本傳即云闞澤爲會稽山陰人，又謂唐固爲闞澤州里先輩，又韋昭傳載韋昭爲吳郡雲陽人。是《三國志》對「丹楊」、「丹陽」是有區分的，唐固之「丹楊」非韋昭之「雲陽」可知。則韋昭言唐固當言「丹楊」而非「丹陽」。此處字當作「楊」。

14. 英才碩儒

【按】許本、明刊黑口本「才」作「材」，「才」、「材」二字義可通。

〔註 5〕 （清）王懋竑：《國語存校》，頁 341 下。
〔註 6〕 （日）千葉玄之校：《韋注國語·國語解敍》，日本天明六年刊本，頁 2。
〔註 7〕 （日）秦鼎：《春秋外傳國語定本·國語解敍》，日本文化六年滄浪居刊本，頁 1。
〔註 8〕 （漢）許慎：《說文解字》，頁 110 上。
〔註 9〕 （清）王昶：《金石萃編》，北京市中國書店 1985 年影掃葉山房本，本卷頁 3下～頁 4 上。

15. 昭以未學

【按】許本「以」絕大多數作「㠯」，《說文》字即作「㠯」。清小學家著作中「以」多寫作「㠯」。《玉篇‧巳部》：「㠯，今作『以』。」〔註10〕

16. 聰明

【按】許本、張一鯤本、李克家本、二乙堂本、閔齊伋本、文淵閣本、文津閣本、董增齡本、綠蔭堂本、秦鼎本、高木本「聰」作「聰」。《說文》有「聰」無「聰」，「聰」字見《譙敏碑》，《正字通謂》爲「聰」字之俗。道春點本、千葉玄之校本「聰」作「聰」。「聰」亦「聰」之俗字。

17. 然淺聞初學

【按】遞修本、許本、明刊黑口本「淺聞」作「民間」。公序本中多本以及活字本、黃刊明道本及其覆刻本作「淺聞」，《叢刊》本與明道本同。「初學」爲偏正結構，「淺闇」爲並列結構，「淺聞」亦爲偏正結構。如從句式一致上看，則「淺聞」似乎更合。因爲上文有「淺闇寡聞」，或因此而混同。此處當以「淺聞」更合。「民間」二字似未合語境語義，當誤。

18. 切不自料

【按】遞修本、丁跋本、許本、明刊黑口本皆無「切」字。道光間刊本《史通削繁》卷一引《國語解敘》有「切」字。從語境語氣上而言，有「切」字是。「切」通作「竊」，《經義考》引字即作「竊」，王懋竑亦謂：「切，當作『竊』。」〔註11〕言可從。

19. 因賈君之精實，採唐虞之信善

【按】丁跋本、明刊黑口本「君」誤作「韋」。

遞修本、許本、丁跋本、明刊黑口本「信」誤作「言」，「唐虞」作「虞唐」，又遞修本、明刊黑口本、薈要本、文淵閣本、文津閣本、董增齡本「採」作「采」，「采」、「採」同。審活字本、薈要本、文淵閣本、文津閣本、黃刊明道本及其覆刻本亦作「虞唐」，載籍中多見排序爲唐固在虞翻之後。虞翻（164

〔註10〕 （宋）陳彭年等：《宋本玉篇》，北京市中國書店 1983 年影張氏澤存堂本，頁530。

〔註11〕 （清）王懋竑：《國語存校》，頁 341 下。

～233）是有確切生卒年的，唐固則無，或當在虞翻之後〔註12〕。

又許本「賈君」作「鄭賈」。朱彝尊《經義考》卷二百九云：「因鄭賈之精實，採唐虞之信善。」〔註13〕清王太嶽（1721～1785）《四庫全書考證》卷四七云：「昭自序曰：實與經義並陳。刊本『與』訛『爲』。又『因鄭賈之精宴，採虞唐之信善』，刊本『鄭賈』訛『賈君』，『虞唐』訛『唐虞』。」〔註14〕或皆據許本而爲說。

20. 亦所以覺增潤補綴

【按】遞修本、丁跋本、許本、活字本、明刊黑口本、薈要本、文淵閣本、黃刊明道本及其覆刻本、董增齡本、秦鼎本、高木本「所以」作「以所」。張一鯤本等作「所以」，與金李本同。當以作「以所」更合。王懋竑云：「『所』、『以』二字乙。」〔註15〕言是。

21. 必察之也

【按】許本下有「韋昭序」三字，李克家本、閔齊伋本、二乙堂本下有「韋昭撰」三字，薈要本、文津閣本下有「吳韋昭撰」四字，張一鯤本系列雖末尾無署名，然篇首之下署「韋昭」二字，是已明之矣。唯遞修本、文淵閣本、董增齡本、黃刊明道本及其覆刻本等首尾俱無韋昭字樣。又《四庫全書考證》卷四七云：「又『欲世覽者必察之也』，刊本脫『必』字、『也』字，並據宋本《國語序》改增。」〔註16〕是謂《經義考》引脫「必」字。然審遞修本、明刊黑口本、閔齊伋本、二乙堂本皆無「必」字，又明刊黑口本、李克家本、閔齊伋本、二乙堂本無「也」字，盧之頤本無「之」字。

〔註12〕《三國志·闞澤傳》云：「澤州里先輩丹楊唐固，亦修身積學，稱爲儒者。著《國語》、《公羊》、《穀梁傳》注，講授常數十人。權爲吳王，拜固議郎。自陸遜、張溫、駱統等皆拜之。黃武四年爲尚書僕射，卒。」又《吳錄》曰：「（固）卒時年七十餘矣。」孫權生卒年爲182～252，黃武四年爲225年，公元222年孫權稱吳王。又拜唐固之陸遜（183～245）、張溫（193～230）、駱統（192～228），則唐固之生當早於180年。唐固生活時期差不多和虞翻同時。

〔註13〕（清）朱彝尊：《經義考》卷二〇九，《景印文淵閣四庫全書》第679冊，頁727上。

〔註14〕（清）王太嶽：《四庫全書考證》，上海：商務印書館1936年版，頁1968。

〔註15〕（清）王懋竑：《國語存校》，頁341下。

〔註16〕同上。

22. 吳郡後學金李挍刻于澤遠堂

【按】金李本「挍」作「校」，「校」、「挍」字同。千葉玄之云：「經史校、挍互用，義亦相通。《正字通》說可從。《正字通》曰：明末避熹宗諱，校省作挍。」〔註17〕說更具體。

〔註17〕 （日）千葉玄之重校：《韋注國語・重刻國語解敘》，本文頁2。

周語上第一

1. 周語上第一　國語　韋氏解

【按】許本作「國語卷第一」一行，「周語上　韋昭解」一行。爲了明晰各本款識，今將所經眼《國語》各本卷一首頁款式圖示如下：

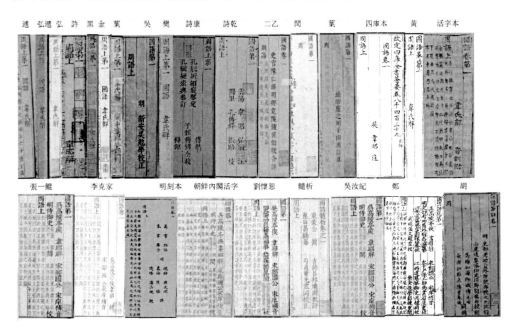

因各本較多而圖較小，所用各本皆爲簡稱，「遞」爲宋刻宋元遞修本，「弘遞」爲南宋紹興間刻明弘治年間補修本，「弘」爲明弘治刊本，「許」爲許宗

魯宜靜書堂本,「黑」爲明刊黑口本,「金」爲金李澤遠堂本,「葉」爲閩中葉邦榮刊本,「吳」爲吳勉學刊本,「樊」爲樊川別業藍格抄本,「詩康」爲孔傳鐸康熙年間印本,「詩乾」爲乾隆年間孔繼汾刊本,「二乙」爲二乙堂刊本,「閔」爲閔齊伋裁注本,「葉」爲明末葉刊本。因所參較多,故縮小比例,但是卷次分列情形仍可以看得清楚。從該圖示可見各本書名、卷次、署名、行數等相關信息,並可約略見出其前後承襲之跡。宋刻宋元遞修本、南宋紹興刻經弘治補修本、樊川別業藍格抄本、金李本相同,弘治本、黑口本完全相同,葉邦榮本亦與弘治本、黑口本近似。許本、黃刊明道本同,吳勉學本、詩禮堂乾隆丙戌刊本近似,四庫本與詩禮堂乾隆丙戌本近似。閔齊伋本與盧之頤本近似。

2.【注】有大罪惡然後致誅

【按】凡「罪」,許本基本作「辠」。《說文・网部》:「罪,捕魚竹网。从网、非。秦以『罪』爲『辠』字。」《辛部》云:「辠,犯法也。从辛、从自。言辠人蹙鼻,苦辛之憂。秦以『辠』似『皇』字,改爲『罪』。」〔註1〕《廣韻・賄韻》云:「辠,《文字音義》云:辠,從自、辛也,言辠人蹙鼻辛苦之憂。始秦以『辠』字似『皇』,乃改爲『罪』也。」「罪,上同。」〔註2〕是「辠」、「罪」可通,而「辠」爲本字。

3.【注】戥聚也

【按】葉邦榮刊本與金李本同。弘治壬戌(1502)本、樊川別業藍格抄本、明刊黑口本、許本以及《國語》其他多本「聚」作「聚」。「耴」爲「取」字俗寫。明焦竑(1540～1620)《俗書刊誤》云:「取,作『耴』,非。」〔註3〕可見焦竑之時已多有寫「取」作「耴」者。故「輙」、「輒」同字,「聚」、「聚」亦同字。

4.【注】大其財求不郙壅也

【按】丁跋本、許本「壅」作「擁」,王叔岷(1914～2008)云:「郙、

〔註1〕 (漢)許慎:《說文解字》,頁157下、頁309上。

〔註2〕 (宋)陳彭年等:《宋本廣韻》,北京市中國書店1982年影張氏澤存堂本,頁252。

〔註3〕 (明)焦竑:《俗書刊誤》,《景印文淵閣四庫全書》第228冊,頁549下。

障古通，本字作『墇』，《說文》：『墇，擁也。』今所謂壅塞也。」〔註4〕是知「壅」、「擁」二字亦音同可通，且知丁跋本、許本用字作「擁」的理據。

活字本、黃刊明道本及其覆刻本「鄣」作「障」。汪遠孫《攷異》云：「障，公序本作『鄣』，《舊音》同。案『鄣』非此義。」〔註5〕「鄣」、「障」二字本義固不相同，然音同可通，從表意角度而言，當以作「障」最合。

5. 以文脩之

【按】凡「脩」字，許本基本作「修」，「脩」、「修」音同可通，正字當作「修」。張以仁《國語斠證》於二字有詳說〔註6〕，可參。就本處而言，吳勉學本、張一鯤本、盧之頤本、閔齊伋本、二乙堂本、《國語節鈔》、薈要本、文淵閣本、黃刊明道本及其覆刻本、董增齡本、熊啓光《節鈔》等字作「修」。遞修本、活字本、《國語評苑》、文津閣本等字作「脩」。

6. （法也）使務利而避害懷德而畏威故能保世以滋大（保守也滋）

【按】從本行開始，許本、童本少一字，實際上是金李本本行多一字。即金李本整體行20字，有時從某一行開始，每行會多一到兩字，有時候會少一二字。故金李本雖整體而言行20字，其實具體書頁仍然會有不同。

7. 昔我先世后稷

【按】惠批：「明道二年刻本亦有王字，南宋本亦缺，陸敕先校本有王字。」丁批：「先字下，宋刊本有『王』字，言我先王世君此稷之官也。」活字本、薈要本、文淵閣本、黃刊明道本及其覆刻本、董增齡本、秦鼎本、高木本「先」字下皆有「王」字，薈要本校勘記云：「謹案卷一第二頁前一行『昔我先王世后稷』，刊本脫『王』字，據宋本增。」〔註7〕恩田仲任云：「明道本『先』下有『王』字。」〔註8〕秦鼎云：「『先王』，舊脫王字，今從明本。」〔註9〕王煦《國語釋文》也認爲公序本脫「王」字〔註10〕。公序本多本無「王」

〔註4〕 王叔岷：《史記斠證》，北京：中華書局2007年版，頁142。
〔註5〕 （清）汪遠孫：《國語明道本攷異》，北京：商務印書館1959年版《國語》後附，頁267。
〔註6〕 張以仁：《國語斠證》，臺北：臺灣商務印書館1969年版，頁6。
〔註7〕 （三國吳）韋昭注：《國語》，《攤藻堂四庫全書薈要》第203冊，頁27上。
〔註8〕 （日）恩田仲任：《國語備考》，日本國會圖書館藏鈔本，頁1。
〔註9〕 （日）秦鼎：《春秋外傳國語定本》卷一，本卷頁2。

字。關於此一點，拙稿《李慈銘〈讀國語簡端記〉補箋》有詳說〔註11〕，認爲有無「王」字實皆可通。可參。

惠棟校語中所謂「南宋本」當即與遞修本初刻同時刊刻之本，也或即爲遞修本的初刻本。然惠氏校語中明言「明道二年刻本」，實恐亦據陸敕先（1617～1686）校本爲言，未必眞據明道本之刻本。丁丙批校中所說的「宋刊本」，實亦明道本之謂。薈要本 43 條校勘記中每言「據宋本」之「宋本」與丁氏所言「宋刊本」同。當然，今天看來，這種籠統的稱謂是不確切的。

8.【注】必先不窋

【按】許本、薈要本、文淵閣本、文津閣本、活字本、秦鼎本、黃刊明道本及其覆刻本、寶善堂本、《叢書集成初編》本、《補正》、《四部備要》本、《集解》「必」作「不」。上古點校本字作「必」不作「不」，是從公序本。秦鼎云：「不先，舊作『必先』，今從《內傳》、明本。」〔註12〕《左傳》、《毛詩正義》、《漢紀》等作「不先不窋」。《左傳》全文謂：「故禹不先鯀，湯不先契，文、武不先不窋。」孔疏云：「服虔云：周家祖后稷，以配天明，不可先也，故言不先不窋。禹、湯，異代之王，故言不先鯀、契也。然則文武大聖，后稷賢耳，非是不可先也。」〔註13〕則作「不」者皆從《左傳》。審韋注全文爲：「不窋，棄之子也。周之禘祫文武不（必）先不窋，故通謂之王。」韋注「文武」與《左傳》不同。在《左傳》，「文武」爲主語，開國之君，蓋周之祖，不窋之前尚有多人，故祭「不先不窋」。而在韋注，則周棄、不窋，皆周之先，周之先皆可謂之「先王」，皆在周祭祀範圍內，故「禘祫文武」之時，必以「不窋」爲先，非僅先不窋而已，實先先王，不窋特其先王之一，故纔有韋注下文「故通謂之王」之語。若作「不先不窋」，則下句「故通謂之王」無所措置。是作「必」者是，作「不」者看似有據，實則與韋注注文本義並不相符。

〔註10〕 （清）王煦：《國語釋文》，清咸豐戊午觀海樓刻本，本卷頁 1。

〔註11〕 拙稿《李慈銘〈讀國語簡端記〉補箋》，《中央大學人文學報》第 52 期，頁 1～35。

〔註12〕 （日）秦鼎：《春秋外傳國語定本》卷一，本卷頁 2。

〔註13〕 （清）阮元校刻：《十三經注疏》，北京：中華書局 1980 年影世界書局本，頁1839 中。

9. 而自竄于戎翟之間

【按】惠批：「後翟皆改狄。」活字本、黃刊明道本及其覆刻本絕大多數字作「狄」，公序本系統絕大多數字作「翟」，「狄」、「翟」之別是《國語》公序本、明道本的區別特徵之一。

張一鯤本、《國語評苑》、吳勉學本、閔齊伋本、道春點本、千葉玄之本、綠蔭堂本、董增齡本、秦鼎本、高木本等「于」作「於」。

10. 不敢怠業

【按】許本「敢」作「𣪏」。《說文》收「𣪏」字，以為「敢」字之籀文，則「𣪏」為「𣪏」字的直接楷化字。

11. 纂脩其緒

【按】許本、張一鯤本、二乙堂本、《國語節鈔》、吳勉學本、閔齊伋本、薈要本、文淵閣本、道春點本、千葉玄之本、董增齡本、秦鼎本、高木本「脩」作「修」。惠批：「纂當作籑，與撰同，故或作選。」按照惠棟的意思，則「籑脩」二字為同義並列結構。韋注云：「纂，繼也。」韋注釋文較惠說為豐富，則惠說恐非。陳瑑《翼解》卷一云：「纂、纘同音，亦同義。《說文》；『纘，繼也。』《書·仲虺之誥》：『纘禹舊服。』《豳風》：『載纘武功。』皆訓纘為繼。《禮·祭統》則云：『纂乃祖服。』《漢書》班固《敘傳》：『纂堯之緒。』皆以纂為纘。」〔註14〕又《史記》作「遵」，《史記集解》引徐廣謂一作「選」，或即惠棟「或作選」之所本。張以仁謂：「《史記》作『遵』，蓋以時語為訓也。《史記》每以訓詁字易經文。此其慣例，不可遽據以定《國語》之是非。」〔註15〕言頗通達。

12. 弈世載德不忝前人（弈）

【按】許本、二乙堂本、張一鯤本、《國語評苑》、吳勉學本、閔齊伋本、《國語節鈔》、薈要本、文淵閣本、文津閣本、道春點本、千葉玄之本、董增齡本「弈」作「奕」，活字本正文作「弈」，注文則作「奕」。「奕」、「弈」同字，因以「大」為構件之字「大」亦可寫作「廾」。如「莫」又寫作「莗」、「獘」

〔註14〕　（清）陳瑑：《國語翼解》卷一，光緒年間廣雅書局刻本，本卷頁2。
〔註15〕　張以仁：《國語斠證》，臺北：臺灣商務印書館1969年版，頁5。

又寫作「弊」，皆此之類。

13. 而加之以慈和

【按】許本「和」作「龢」。許宗魯本、金李本「和」、「龢」同現，但金李本比許宗魯本「和」字出現頻度要高得多，許本「和」字只有幾處。審《繹史》卷二六、《駢字類編》卷二三三引字亦作「龢」，或即據許本或相關版本爲書。「和」、「龢」音同字通。

14. 夫先王之制邦內甸服

【按】丁跋本「夫」作「奉」。批云：「謂之服者，服其職業也。」用韋注爲說。檢索中國基本古籍庫中所收文獻，唯《經濟類編》卷六〇《武功類六‧諫正征伐》引《周語上》本章字作「奉」。從《周語上》本文而言，「夫」字爲發語詞，引起下文者。如作「奉先王之制」，下當有進一步動作行爲纔語義完足，然下文並無相關內容，故字作「奉」未相合。是字當作「夫」，不當作「奉」。《經濟類編》引作「奉」者，或即據丁跋本。王樹民謂：「服，即《酒誥》『外服』、『內服』之義。」〔註16〕可以備說。

「邦內甸服」韋昭注云：「邦內，謂天子畿內，千里之地。《商頌》曰：『邦畿千里，維民所止。』《王制》曰：『千里之內曰甸。』京邑在其中央，故《夏書》曰：『五百里甸服。』則古今同矣。甸，王田也。服，服其職業也。自商以前，并畿內爲五服。武王克殷，周公致太平，因禹所弼，除甸內更制天下爲九服。千里之內謂之王畿，王畿之外曰侯服，侯服之外曰甸服。今謀父諫穆王稱『先王之制』，猶以王畿爲甸服者，甸，古名，世俗所習也。故周襄王謂晉文公曰『昔我先王之有天下也，規方千里以爲甸服』是也。《周禮》亦以蠻服爲要服，足以相況也。」王懋竑《國語存校》云：「祭公所稱五服之制，與《禹貢》同。但以綏服爲賓服，注以與《周禮》不合，謂『甸，古名，世俗所習』，此不然也。周襄公亦云『規方千里以爲甸服』，疑自夏以後其名不大異，不可以《周禮》而致疑矣。」〔註17〕亦可備說。

15. 矦衛賓服

【按】許本「賓」作「賓」。遞修本、活字本、金李本、黃刊明道本及其

〔註16〕 轉引自《張以仁先秦史論集》，上海古籍出版社 2010 年版，頁 396。
〔註17〕 （清）王懋竑：《國語存校》，同前註，頁 341 下。

覆刻本、張一鯤本及其覆刻本、閔齊伋本、文津閣本以作「賓」居多，許本、文淵閣本則作「賓」。拙著《〈國語補音〉異文研究》於此二字形有詳辨，可參。

16. 賓服者享

【按】許「享」作「亯」。審許本「亯」、「享」絕大多數寫作「亯」，雖欲求其古體，然卻混「享」、「亯」二字爲一字，實際上更增混亂，無益於文本閱讀與文義理解。

17.【注】終謂垂終也朝嗣王及即位而來見

【按】遞修本、許本、李克家本、道春點本、二乙堂本、薈要本、文淵閣本、文津閣本、千葉玄之校本、秦鼎本、高木本、《集解》、上古點校本「垂終」作「世終」。黃刊明道本及其覆刻本、活字本、董增齡本、《補正》、《詳注》、《叢書集成初編》本、《四部備要》本「垂終」作「終世」。宋吳仁傑《兩漢刊誤補遺》卷八有「終王」條，文云：「《韋元成傳》劉歆曰：『大禘則終王。』師古曰：『每一王終，新王即位，乃來助祭。』仁傑按：禮，不王不禘。王非謂天子。葢所謂終王者，鄭康成、孔穎達以禘爲郊祭，謂非天子則不郊，殊不思下文『王者禘其祖之所自出』。諸侯及其太祖，則是禘，非郊祭，而爲天子諸侯之所通矣。韋元成等議亦引《祭義》所云：『乃謂始受命而王祭天以其祖配。』此鄭、孔之失所從起也。《國語》『荒服終王』韋昭曰：『終，謂世終也。朝嗣王，及即位而來見。』與顏注小異。夷考二說，昭爲近之。按《國語》祭公諫王，謂今自大畢伯任之終，犬戎氏以其職來王。則是彼以即位而來見耳，非爲新王而來。顏說止及一事，而韋說乃兩事也。仁傑有《禘祫璞議》三十篇，辨證甚詳。」〔註18〕吳氏引韋注作「世終」，與遞修本等《國語》公序本多本同。又《荀子・正論篇》注、眞德秀（1178～1235）《文章正宗》卷四、朱熹（1130～1200）《儀禮經傳通解》卷二八、明吳訥（1372～1457）《文章辨體》卷二〇、江永（1681～1762）《禮書綱目》卷五九、孫詒讓（1848～1908）《周禮正義》卷七一、王先謙（1842～1917）《漢書補注》卷七三引作「世終」，又江永《禮書綱目》卷六五、秦蕙田（1702～1764）《五禮通考》卷二二〇引作「垂終」，孫星衍（1753～1818）《三禘釋》、王鳴盛（1722

〔註18〕　（宋）吳仁傑：《兩漢刊誤補遺》，《知不足齋叢書》本，本卷頁 6～7。

～1797）《蛾術編》卷六七引作「終世」。可見各書引文所據《國語》版本不同，即便同一部書徵引前後也不一致。總體上看，引作「世終」者較早且多。「垂」有「邊」、「及」之義，故「垂終」亦通，當然「垂終」之「終」當理解爲「世終」，「垂終」纔更合乎文義。《說文》云：「三十年爲一世。」〔註 19〕「世終」、「終世」於義亦皆可通，然以「終世」更爲常見。是「垂終」、「世終」、「終世」三者皆可通，但是「世終」、「終世」比「垂終」更能彰顯文義。粗略統計，中國基本古籍庫「世終」882 見，「終世」836 見，基本相當。如果認定「終」爲動詞，則「世終」爲主謂結構，「終世」爲動賓結構，可看作同素逆序詞。此外，《越語下》「先人就世」公序本章注云：「就世，終世也。」審傳世各書引韋昭注以「世終」爲多見，而段玉裁、顧廣圻等以爲「終世」是。今《漢語大詞典》收有「終世」詞條，無「世終」。

18. 吾聞夫犬戎樹惇

【按】許本「樹」作「尌」，薈要本、活字本、《國語評苑》、《國語鈔評》、道春點本、高木本作「樹」。惠批云：「徐廣曰：樹一作楸。」《說文·壴部》：「尌，立也。」《說文·木部》：「樹，生植之總名。尌，籀文。」「楸，樸楸，木。」〔註 20〕從《周語上》本文語境而言，「樹」爲動詞，非名詞，故字作「樹」、「尌」皆是，徐廣云「一作楸」者或音同可通，非必語義相合。《異體字字典》謂《書法字彙》引《南朝宋爨龍顏碑》字即作「樹」，「樹」當是「樹」字中上「十」字之省，用爲「樹」字之俗。

「惇」，《史記》作「敦」。《國語舊音》即謂「樹惇」爲犬戎主名，宋庠《補音》則謂《舊音》所云失實。明顧大韶《炳燭齋隨筆》謂：「樹惇必其君之名也，玩文勢可知。」〔註 21〕清王引之（1766～1834）《經義述聞》卷二十云：「《舊音》之說是矣，而未盡也。樹者，其主名。『惇』字當屬下讀。犬戎樹者，先國而後名，猶曰『邾婁顏』耳。」〔註 22〕清陳偉《愚慮錄》卷一謂：「樹惇，疑此時犬戎君名。」〔註 23〕徐灝（1810～1879）《通介堂經說》卷三

〔註 19〕 （漢）許慎：《說文解字》，頁 51 上。
〔註 20〕 （漢）許慎：《說文解字》，頁 102 上、頁 115 下、頁 118 上。
〔註 21〕 （明）顧大韶：《炳燭齋隨筆》，上海古籍出版社 2002 年輯印《續修四庫全書》第 1133 冊，頁 38。
〔註 22〕 （清）王引之：《經義述聞》，南京：江蘇古籍出版社 2000 年版，頁 477 下。
〔註 23〕 （清）陳偉：《愚慮錄》，上海古籍出版社 2002 年輯印《續修四庫全書》第

一引《通鑑》胡三省注，亦以樹惇爲人名。另外，恩田仲任《國語備考》、汪遠孫《國語發正》、張澍（1781～1847）《養素堂文集》卷一五、錢保塘（1832～1897）《國語補音札記》、竹添光鴻（1841～1917）《史記會注考證》亦皆贊同樹惇爲犬戎君名之說。又陳槃（1905～1999）贊同韋昭解，王叔岷贊同王引之說。則關於「樹惇（敦）」至少有三種說法：（1）立性敦樸；（2）「樹惇（敦）」爲犬戎主名；（3）「樹」爲犬戎主名，「惇（敦）」字屬下讀作「帥」字的狀語。以主第二種說法者爲多見。

19. 四白狼四白鹿以歸

【按】童本、《國語評苑》「歸」字多作「歸」。本處之字，薈要本、活字本字作「歸」，《國語鈔評》作「歸」，文淵閣本字作「歸」，皆「歸」字之俗。

又《鈔評》「鹿」作「麁」，亦「鹿」字別體。

20. 夫獸三爲羣

【按】許本「獸」作「嘼」，《鈔評》作「獸」。許本、童本、《國語評苑》、活字本「羣」作「群」。凡金李本「羣」字，許本、活字本多作「群」。「羣」、「群」異體字。《說文・嘼部》：「嘼，㸬也。」「獸，守備者。」《玉篇・嘼部》：「養之曰嘼，用之曰牲。」「四足有毛走者謂之獸。」〔註24〕則「嘼」、「獸」近同，「獸」則「獸」字之俗。

21.【注】粲美貌

【按】許本「貌」作「皃」。所參《國語》各本中，其他各本字皆作「貌」。「皃」、「貌」古今字，《說文・皃部》云：「皃，頌儀也。从人、白，象人面。凡皃之屬皆从皃。䫉，皃或从頁、豹省聲。貌，籀文皃，从豹省。」〔註25〕從《國語》公序本、明道本的區別特徵著眼，公序本字宜作「皃」。

又二乙堂本「美」誤作「姜」。

22. 是故爲川決之使導

【按】活字本、許本、二乙堂本、董增齡本、活字本「決」作「決」，

1165 冊，頁 684 上。
〔註24〕 （漢）許慎：《說文解字》，頁 308 上。（宋）陳彭年等：《宋本玉篇》，頁 437。
〔註25〕 （漢）許慎：《說文解字》，頁 177 上。

「決」、「决」形近易混，亦可通。惠批：「為川者決之使導，此《禹貢》義疏也。為，《呂氏春秋》作治。」「《呂氏春秋》作治」在《呂氏春秋·達鬱篇》。

又活字本、黃刊明道本及其覆刻本「川」後有「者」字，董增齡本、秦鼎本從之，云：「『川』下舊脫『者』字，今從明、陳二本。《古文析義》引亦有『者』字。」〔註26〕《漢書》、《冊府元龜》等傳世文獻多種「川」字下皆有「者」字，有無「者」字俱可通，無礙文義。但是從下文「為民者宣之使言」來看，本處「川」下有「者」字可使前後文句規整劃一。

23. 故天子聽政

【按】許本「聽」誤作「德」。《鈔評》「聽」作「聼」，「聼」為「聽」俗字，《宋元以來俗字譜》見錄。

24. 瞽獻典

【按】惠批：「《史記》作典，宋據改。」按照惠棟的理解，是宋庠根據《史記》「典」字改《國語》字，則惠氏認為《國語》原本當作「曲」。「曲」與「典」字之別也是《國語》公序本與明道本區別之一。然審顧廣圻跋本引段玉裁云：「曲，史記作曲，宋校改。」則段玉裁與惠棟所據《史記》版本不同。關於《國語》各本「曲」、「典」之異，我的博士論文《唐宋類書引〈國語〉研究》曾列表並有較詳盡的考辨，表如下：

陳	遞	金	百	張	穆	閔	道	綠	薈	文	董	秦	黃	崇	會	寶	四
典	典	典	典	典	典	典	典	典	曲	典	曲	曲	曲	曲	曲	曲	曲

又許宗魯本、《鈔評》、吳勉學本、二乙堂本、詩禮堂本、文津閣本、千葉玄之本、活字本字亦作「典」。從上表可見，公序本之薈要本、董增齡本、秦鼎本、高木本從明道本改作「曲」。然審《皇王大紀》卷二九、《通鑑前編》卷二七、《古史》卷五、《冊府元龜》卷三二五、《玉海》卷五九、卷九〇、《詩緝》卷二八、《通志》卷三下引皆作「典」。又宋劉安世（1048～1125）《盡言集》卷一三《論鄧溫伯差除不當第三》、宋許月卿（1217～1286）《百官箴》卷二引《國語》字作「曲」。段玉裁《說文解字注》、陳奐（1786～1863）《詩

〔註26〕　（日）秦鼎：《春秋外傳國語定本》卷一，本卷頁5。

毛氏傳疏》、汪繼培（1751～1819）《潛夫論箋》、孫詒讓《周禮正義》引從《國語》明道本作「曲」。《史記·周本紀》亦載，且其各本「曲」、「典」亦異。瀧川資言（1865～1946）《史記會注考證》作「曲」，水澤利忠《校補》謂慶元本、殿本、金陵本等字俱作「典」，王叔岷（1914～2008）謂景祐本、黃善夫本字作「典」〔註27〕。復檢南宋紹興刊本、元至正二十五年（1365）彭寅翁本、汲古閣《十七史》本、萬曆二十四年（1596）南京國子監本、日本早稻田大學藏萬曆三年（1575）刊本、柳田泉舊藏本、《史記評林》等字亦皆作「典」。北京中華書局 1959 年點校本、2013 年點校本之修訂本字作「曲」。鄙意以爲公序本「典」字是。「典」應該就是執事的標準，聽政必有所斷，故典以資借鑒者；書則政事之紀。「書」和「典」兩種，一個提供近似於法律的依據，一個提供歷史事實依據。概言之，「詩」是聽政的對象和材料，「典」是聽政的理據，而「書」則是聽政的史實參照。「瞽」、「史」所提供的是歷史事實依據和理論依據。故王懋竑云：「典謂典法，注以『瞽』樂師，故專指樂典，恐未然。」〔註28〕辨亦見拙著《〈國語補音〉異文研究》、《唐宋類書引〈國語〉研究》。

25. 【注】史外史也周官外史掌三皇五帝之書

【按】遞修本、活字本、許本、道春點本、千葉玄之本、《鈔評》、二乙堂本、黃刊明道本及其覆刻本、秦鼎本、高木本、《補正》「周官」作「周禮」。《周禮》，亦名《周官》，從命名的時間順序上而言，《周官》在前，《周禮》在後。是二名皆通。

《鈔評》、二乙堂本省「史外史也」四字，「皇」作「王」。《鈔評》、二乙堂本「王」字當爲「皇」字之誤。又《史記正義》注「史」爲「太史」。

26. 【注】無眸子曰

【按】許本、《鈔評》「眸子」誤作「目子」，下文則不誤。高木熊三郎云：「老而無目曰瞍。」〔註29〕故訓中「瞍」字有解作「老」者，亦有釋作「無目」者，然「老」與「無目」合而釋「瞍」則極爲罕見。審元陳師凱《書蔡氏傳旁通》卷一下「瞍長老之稱」云：「《集註》云：『瞽瞍，舜父名。』蔡氏

〔註27〕 王叔岷：《史記斠證》，北京：中華書局 2007 年版，頁 142。

〔註28〕 王懋竑：《國語存校》，頁 341 下。

〔註29〕 （日）高木熊三郎：《標注國語定本》卷一，本卷頁 6。

於《堯典》云:『瞽,無目之名。』於此又云:『瞍,長老之稱。』蓋舜父老而無目,號曰瞽瞍。而蔡傳釋其所以爲號之由也。」〔註30〕但陳氏的解釋是特定語境下的特指之義,非「瞍」之常用義。高木氏之說恐未允。

27.【注】百工執技以事上者

【按】許本無「者」字。審《文章正宗》卷四引注即無「者」字。此注文的被釋詞爲「百工」,則釋語中以有「者」字爲更合。

28.【注】諫者執蓺事以諫

【按】凡「蓺」,許本皆作「埶」。本處綠蔭堂本、道春點本、千葉玄之校本、二乙堂本、詩禮堂本、薈要本、文淵閣本、文津閣本、活字本、秦鼎本、高木本、黃刊明道本及其覆刻本等「蓺」字作「藝」。「埶」、「蓺」、「藝」三字音同可通。遞修本「蓺」誤作「藝」。「蓺」、「藝」之辨,詳見拙著《〈國語補音〉異文研究》、《唐宋類書引〈國語〉研究》。

29. 庶人傳語

【按】丁跋本本行多一字,移下一行中的「庶人」二字注文於本行。

30.【注】傳以語王也

【按】許本「語王」誤作「語士」。

31.【注】盡其規以告王也

【按】遞修本、活字本、許本、《鈔評》、黃刊明道本及其覆刻本、《文章正宗》卷四「其規」下有「計」字。又遞修本、許本、《鈔評》、《文章正宗》卷四「告王」下無「也」字。《呂氏春秋·達鬱》「近臣盡規」高誘注:「規,諫也。」〔註31〕與韋注所釋未盡同。假定《國語》韋注原本作「盡其規以告王」,則韋注不釋「規」字。假定《國語》韋注原本「規」下有「計」字,則韋注屬於增字爲釋。「規」和「諫」既可以作名詞,也可以作動詞,但是「規計」在韋注語境中只能作名詞。「規」和「諫」都可以是行爲動作,而「規計」

〔註30〕 (元)陳師凱:《書蔡氏傳旁通》,《景印文淵閣四庫全書》第62冊,頁258下~259上。
〔註31〕 陳奇猷:《呂氏春秋新校釋》,上海古籍出版社2009年版,頁1387。

則是行爲對象，也即「規計」是動詞「諫」、或「規」的結果。「近臣盡規」四字的句法關係爲：「近臣」爲主語，「盡」爲謂語中心詞，「規」爲賓語。高誘注和韋昭注也都適用於本語境。無論《國語》韋注是否有「計」字，韋昭注都未破壞《國語》原文的基本語法、語義關係。但是「規計」釋文則是對《國語》「近臣盡規」語法、語義關係的進一步的限定和闡釋，即「盡規」之「規」爲名詞作賓語。但是傳世文獻中「規計」連言比較少見。檢索中國基本古籍庫，把重複引用以及上下文連言的「規計」組合全部計算在內，也纔有 58 見。且唐代陸贄（754～805）《論度支令京兆府折稅市草事狀》、《冊府元龜》卷三九一《將帥部‧習兵法》、宋魏了翁（1178～1237）《回蔡狀元仲龍啓》、金佚名《大金吊伐錄‧差劉豫節制諸路總管安撫曉告諸處文字》、元王禎（1271～1368）《王禎農書》卷七《區田》各僅 1 見。韋昭注文「計」字多見，和其他單音節詞連用的現象除了本條有版本差異的之外，另外 1 見爲《吳語》「欲告者來告」注「善計策」。無論內證、外證，均無法證明韋注「規」下必有「計」字。倒是從唐以來「規」、「計」有連用現象，或可證明遞修本、活字本、許本等「規計」實唐以來之人根據當時語言習慣增字而成，即韋注原本無「計」字。

俞樾謂「盡」字當通作「進」〔註32〕，實本字可通，不必言假借。又《詩經正義》引作「春秋傳曰」，《古今韻會舉要》、《正字通》「規」字注引作「左傳」，《冊府元龜》卷三〇四引作「傳曰」，實皆當爲「國語（春秋外傳）」。

又活字本「規」作「規」。《干祿字書》謂「規」正「規」俗。《五經文字》則謂「規」字從「夫」，作「規」者譌。審《說文》謂「規」從夫、從見，或《干祿字書》以「規」字爲俗、《五經文字》以「規」爲譌的理據。《正字通‧矢部》云：「規，規本字。規矩竝從矢。」又《正字通‧見部》云：「《洪武正韻》引《字統》：『丈夫識用，必合規矩，故字從夫。』按：因『夫』立解未詳，考『規』與『矩』並從矢也，當作『規』。」〔註33〕陳新雄謂：「《五經文字》謂『規』從夫，而訛作『規』，其說可從。《正字通》之說可廣見聞。」〔註34〕是陳氏以「規」爲本字，古今亦皆以「規」爲最常用字形。

〔註32〕（清）俞樾：《羣經平議》，上海古籍出版社 2002 年輯印《續修四庫全書》第178 冊，頁 455。
〔註33〕（明）張自烈撰，（清）廖文英續：《正字通》，上海古籍出版社 2002 年輯印《續修四庫全書》第 235 冊，頁 175 上、469 下。
〔註34〕陳新雄：「規」字研訂說明，《異體字字典》在線版，http://dict2.variants.moe.

32.【注】吾非瞽史焉知天道

【按】許本「瞽」誤作「古」。活字本「瞽」作「瞽」。「鼓」、「皷」異體字，故「瞽」、「瞽」亦同字。活字本中凡以「鼓」爲構件之字，「鼓」基本都寫作「皷」。

33.【注】口亦以宣人心而言善敗

【按】丁跋本無「亦」字，遞修本、活字本、黃刊明道本及其覆刻本、《補正》、上古本等無「以」字，活字本、黃刊明道本及其覆刻本、《補正》、上古本等「善敗」後有「也」字。無「亦」字或無「以」字都講得通。有「亦」字者，前有山川作比，故此處言「口亦」。「以」字爲介詞，起引介作用。當然，有「亦以」二字，語義、語氣最爲完足。

34. 於是國人莫敢出言三年乃流王于彘

【按】許本「莫」大率作「莫」，「年」作「秊」，「乃」作「𠄎」。「莫」爲「莫」之別體。《說文》「莫」字作「𦱤」，《茻部》云：「日且冥也。从日在茻中，茻亦聲。」「茻，眾艸也。从四屮。」〔註35〕按照《說文》的字形分析，則「𦱤」字構件「茻」是由四個「屮」構成。換言之，「茻」爲四體等位會意字。在隸化過程中，四個「屮」的隸化字形應該一致或趨於一致，這也是「莫」字的構形理據，即「莫」是「𦱤」的直接楷化字。《九經字樣》即云：「莫、莫，上《說文》，下經典相承隸變。」〔註36〕許本作「莫」或即本此。《說文》「年」字作「秊」，直接楷化即作「秊」，謂「从禾千聲」〔註37〕。《說文》以「𠄎」爲「乃」之籀文，「𠄎」實爲「𠄎」之直接楷化字。

又吳勉學本、王煦《國語釋文》「于」作「於」。

35.【注】今曰永安

【按】丁跋本「曰永」誤作「曰水」。

---

edu.tw/variants/。

〔註35〕 （漢）許慎：《說文解字》，頁 27 下。

〔註36〕 （唐）唐玄度：《九經字樣》，臺北：臺灣商務印書館 1986 年版《景印文淵閣四庫全書》第 224 冊，頁 299 下。

〔註37〕 （漢）許慎：《說文解字》，頁 146 上。

36. 怨之來也

【按】許本無「也」字。汪遠孫《攷異》云：「公序本無『也』字。」
〔註38〕則汪氏或即據許本爲說。審《羣書治要》卷一一、《天中記》卷一一、
《經濟類編》卷九二、《詩經世本古義》卷六、卷一六、《格物通》卷九四、《尚
史》卷二六引亦無「也」字。有「也」字語氣更爲完足，當從《國語》多本
增「也」字。

37. 故頌曰思文后稷克配彼天立我

【按】丁跋本本行多一字，下行「烝」字移至本行。

《鈔評》「我」作「𢆶」。「𢆶」爲「我」異體字，「扌」、「木」形近易混
同，《漢隸字源》中收之。

38.【注】謂堯時鴻水

【按】許本、活字本、董增齡本、黃刊明道本及其覆刻本、《補正》「鴻」
作「洪」。「洪」、「鴻」音同義通。

39.【注】載成周道

【按】許本作「載周成道」，當係誤倒。

40.「厲王說榮夷公」、「彘之亂宣王在召公之宮」

【按】童本合二章爲一，兩者所講並非一件事情，各自有其中心且相對
完整，當從《國語》多本分爲兩章，不當合併。

41.【注】怨怨望

【按】遞修本、許本、薈要本、文淵閣本、活字本、黃刊明道本及其覆
刻本、寶善堂本、《補正》作「怨心望」。審文津閣本則從詩禮堂本以及其他
公序本作「怨怨望」，則可知就四庫本三種而言，薈要本、文淵閣本較文津閣
本參校明道本更多。韋注本處全文云：「怨，心（怨）望也。怒，作氣也。」
王引之《經義述聞》云：「此與下句『怨而不怒』皆以心，言非以境言。」
〔註39〕則注文作「心望」似更合。

〔註38〕（清）汪遠孫：《國語明道本攷異》，頁269。
〔註39〕（清）王引之：《經義述聞》，頁478上。

42. 宣王即位不藉千畝

【按】許本「藉」皆作「耤」。丁跋本「畝」皆作「畂」。「耤」、「藉」古今字。「畝」字異體字頗多，「畂」即其一。拙著《小學要籍引〈國語〉研究》、《唐宋類書引〈國語〉研究》於「籍」、「藉」、「耤」、「畝」、「畂」等字皆有詳辨，可參。

43. 【注】天子田藉千畝

【按】許本「田藉」作「耤田」，活字本作「籍田」，《鈔評》、閔齊伋本、秦鼎本、高木本作「藉田」，以上這幾種本子注文詞序相同。黃刊明道本及其覆刻本、董增齡本作「田籍」。秦鼎云：「藉田千畝，舊作『田藉』，誤倒也。今從閔本。」〔註40〕文淵閣本《冊府元龜》卷三二三引亦作「籍田」。「籍田」爲動賓關係。古書中亦以「籍（耤、藉）田」詞序爲常見，或當本許本等作「耤（籍、藉）田」。從字形表義角度以及正字角度考慮，《國語》各本字可釐爲「耤田」。

44. 【注】自屬王之流

【按】許本、《鈔評》「流」作「亂」，於義亦通。然各本俱作「流」字，則恐許本、《鈔評》臆改。審陳逢衡（1778～1855）《竹書紀年集證》卷三三云：「二十九年初不藉千畝，孫之騄曰：『古者，天子耕藉田千畝，爲天下先。』瓚曰：『藉，蹈籍也。』韋昭曰：『藉，借也，借民力以爲之。天子藉田千畝，諸侯百畝，自屬王之亂，藉田禮廢。宣王即位，不復遵古。』虢文公諫王，王弗聽。」〔註41〕傳世各文獻中亦唯陳逢衡引作「亂」，或即據許本、《鈔評》等。

45. 【注】孟春之月日月皆在營室

【按】許本「營」作「盈」，審明本《冊府元龜》卷一一五引字亦作「盈」。「盈」字皆當爲「營」字之誤。

〔註40〕 （日）秦鼎：《春秋外傳國語定本》卷一，本卷頁 8。
〔註41〕 （清）陳逢衡：《竹書紀年集證》，上海古籍出版社 2002 年輯印《續修四庫全書》第 335 冊，頁 425 下。

46. 【注】眚灾也

【按】許本、張一鯤本、《國語評苑》、道春點本、千葉玄之本、秦鼎本、黃刊明道本及其覆刻本、活字本等「灾」皆作「災」，又詩禮堂本字作「菑」。《五經文字·艸部》：「菑，經典或借爲災。」〔註 42〕傳世文獻中用「菑」爲「災（灾）」字者較少見。

47. 【注】當即發動變寫其氣

【按】活字本、許本、詩禮堂本「寫」作「寫」，「宀」、「冖」形近易混，《歷代名臣奏議》卷一一〇、《禮書綱目》卷六一、《五禮通考》卷一二四引作「寫」。又《文章正宗》卷四、《文獻通考》卷七、卷八七引注字作「瀉」。《說文·宀部》：「寫，置物也。」段注云：「凡傾吐曰寫。俗作『瀉』者，『寫』之俗字。」〔註 43〕則「寫」、「瀉」爲古今字。

48. 【注】祓齊戒

【按】許本「齊」作「齋」。「齊」、「齋」古今字，拙稿《〈國語〉動詞管窺》對於「齊」、「齋」之關係有詳說〔註 44〕，可參。《冊府元龜》卷一一五、《五禮通考》卷一二四、《古文淵鑒》卷五引字即作「齋」，《北堂書鈔》卷九一引賈逵注亦作「齋」。

49. 【注】淳次也濯洗也

【按】許本「次」作「沃」，「洗也」作「漑也」，道春點本、千葉玄之、二乙堂本、董增齡本、秦鼎本、高木本亦作「沃」。遞修本、活字本、薈要本、文淵閣本、文津閣本、黃刊明道本及其覆刻本字作「沃」、「漑」。汪遠孫《攷異》云：「金本作『洗』，許本作『洒』。案：公序本當作『洗』。『洗』、『漑』義俱通，不當作『洒』也。」〔註 45〕汪氏言是。「漑」即「洒」字。秦鼎云：「明本『洗也』作『漑也』。」〔註 46〕則秦鼎所言明本當即爲明道本。「欠」、「夭」

〔註 42〕　（唐）張參：《五經文字》，臺北：臺灣商務印書館 1986 年版《景印文淵閣四庫全書》第 224 冊，頁 265 上。
〔註 43〕　（清）段玉裁：《說文解字注》，頁 340 下。
〔註 44〕　拙稿《〈國語〉動詞管窺》，成都：四川大學出版社 2008 年版，頁 151～153。
〔註 45〕　（清）汪遠孫：《國語明道本攷異》，頁 269。
〔註 46〕　（日）秦鼎：《春秋外傳國語定本》卷一，本卷頁 9。

形近，故「沃」誤作「次」。

50.【注】鬱鬱金香草

【按】許本、董增齡本「草」絕大多數作「艸」，「艸」爲象形字，「草」爲形聲字。

51. 王裸鬯饗醴乃行

【按】丁跋本「裸」誤作「稞」。《國語評苑》、吳勉學本、文津閣本、道春點本、千葉玄之本、二乙堂本、活字本、寶善堂本「裸」字誤作「裸」。「衤」、「礻」形近易混，故「裸」易譌作「裸」。

52. 班嘗之

【按】遞修本、活字本、丁跋本、許本、文津閣本、董增齡本、《詳注》「嘗」作「嘗」，《百家類纂》本、二乙堂本、薈要本、文淵閣本字作「甞」，「甞」亦「嘗」之俗，「旨」字之「匕」形變作「乚」。「嘗」、「甞」異體字。

53. 是日也瞽帥音官以省風土

【按】許本、崇文本、寶善堂本、《補正》「帥」作「師」，黃刊明道本及其覆刻本作「師」。《札記》云：「『師』見《隸釋·唐扶頌》、《漢碑字原·五質》。又《五經文字》謂：『帥或从市者，訛。此本後屢用皆同。』段云：俗帥字，見《干祿字書》。」〔註47〕則黃刊明道本及其覆刻本之「師」實「帥」字之俗，非「師」字。各本據黃刊明道本「師」隸作「師」字者皆誤。張以仁《國語斠證》揭出《補正》之誤。

惠批：「一本『帥』字仍舊，惟無『省』字。」審薈要本、文淵閣本、文津閣本、黃刊明道本及其覆刻本無「省」字，活字本則有，則惠棟所謂「一本」當即指明道本中的一本或當時流通的明道本的鈔校本之一本。又《玉燭寶典》卷一、《北堂書鈔》卷九一、《冊府元龜》卷一一五、《純常子枝語》卷一四引亦皆無「省」字。王引之《經義述聞》云：「『瞽帥音官以省風土』，宋明道本無『省』字。引之謹案：明道本是也。今本『省』字蓋因注而衍。韋注曰：『風土，以音律省土風。風氣和，則土氣養。』則正文無『省』字明矣。

〔註47〕（清）黃丕烈：《校刊明道本韋氏解國語札記》，頁242。

《晉語》:『夫樂以開山川之風,以耀德於廣遠也。風德以廣之,風山川以遠之,風物以聽之。』文義與『風土』相似,無煩加『省』字也。鈔本《北堂書鈔・禮儀部十二》引賈逵本正作『瞽帥音官以風土』,無『省』字(陳禹謨本增省字)。《舊音》於上文『省功』音小井反,且云:『下省民、省風同。』則唐本已有衍『省』字者矣。」〔註48〕張以仁《國語斠證》云:「如依韋解及《晉語》文例參之,則《述聞》無『省』字之說是也。《攷異》亦從《述聞》之說。吳曾祺《補正》則襲取《述聞》以爲己說。此吳氏慣技,不值一哂。」〔註49〕審吳曾祺云:「風字作動字用。《晉語》『風德以廣之,風山川以遠之,風物以聽之』句法皆與此一例。」〔註50〕則吳說實運用語法學觀念,在王引之說基礎上有所發展,還是有其可取之處的。

又活字本「瞽」作「瞽」。

54. 廩于藉東南鍾而藏之

【按】許本字分別作「稟」、「耤」、「臧」。審《補音》字即作「稟」。「廩」、「藏」皆形聲字,許本取其聲符字以爲該字之古體。

張一鯤本、《國語評苑》、吳勉學本、閔齊伋本、二乙堂本、道春點本、千葉玄之本、董增齡本、秦鼎本、高木本「于」作「於」。

活字本、《百家類纂》本、黃刊明道本及其覆刻本、董增齡本「藉」作「籍」。

55. 【注】佐王論道

【按】許本「佐」字多寫作「左」,但此處未改,可見也未能劃一。

56. 王則大徇

【按】丁跋本、《百家類纂》本「徇」誤作「狥」。刻本中「彳」、「犭」二字形亦相近,故易混誤。審詩禮堂本中「徇」字亦有誤作「狥」字者。

57. 【注】疆境也

【按】許本「境」率作「竟」。「竟」、境古今字。

〔註48〕 (清) 王引之:《經義述聞》卷二○,頁 478 下。
〔註49〕 張以仁:《國語斠證》,頁 40。
〔註50〕 吳曾祺:《國語韋解補正》卷一,本卷頁 4。

58. 戰于千畞

【按】活字本「畞」作「畮」，丁跋本「畞」作「畂」，《百家類纂》本、二乙堂本字作「畂」，閔齊伋本、詩禮堂本、薈要本、文津閣本、董增齡本作「畞」，《鈔評》、文淵閣本作「畝」。

又張一鯤本、《國語評苑》、吳勉學本、閔齊伋本、二乙堂本、道春點本、千葉玄之本、董增齡本、秦鼎本、高木本「于」作「於」。

59. 【注】四嶽

【按】遞修本、活字本、丁跋本、黃刊明道本及其覆刻本、《補正》、《詳注》、《集解》、《四部備要》本、《叢書集成初編》本、上古本「嶽」字作「岳」。「岳」、「嶽」異體字。

60. 【注】宣王不納

【按】許本「納」字絕大多數作「內」，鮮有例外。「內」、「納」古今字。

61. 樊穆仲曰魯矦孝

【按】童本「魯」作「魯」，下「魯孝公」同。「魯」亦「魯」之俗體，《異體字字典》未收，當據補。審《鈔評》中「魯」字亦有寫作「魯」者。

62. 魯武公以括與戲見王、宣王欲得國子之能導訓諸矦者

【按】許本合二章爲一，其他各本皆不合。《國語》每章所記，大體上是三段式結構，此前已有學者提出者。即君主欲有所爲而大臣強諫並且指明後果，君主不聽諫而爲之，最終結果即大臣預見應驗。《周語上》「宣王欲得國子之能導訓諸侯者」章不具備《國語》各章獨立的這一共性特徵。恐怕這是許本之所以把二章合而爲一的一個主要原因。就「宣王欲得國子之能導訓諸侯者」章的格局以及敘事而言，倒與《晉語四》的某些章的敘事結構相同。即：君主欲選拔賢才，大臣薦舉且說明理由，王遂用之。關於《國語》的內容，韋昭《國語解敘》已大致言之，爲「邦國成敗、嘉言善語、陰陽律呂、天時人事逆順之數」。那麼，是否其間故事全部是三段式敘事？是否三段式中的最後一段都具有驗證性？恐怕也不盡然。畢竟那只是後來學者對《國語》多數章節的總結，並非是其全部規則。凡敘事完整或者相對完整者實皆可單獨爲章。故「宣王欲得國子之能導訓諸侯者」宜與上章分而不當並合。

63. 乃料民于大原

【按】許本「原」作「厡」，《說文》謂「原」篆文從「泉」。又「泉」字也寫作「亰」，故「厡」、「原」為異體字。

《百家類纂》本、二乙堂本、薈要本、黃刊明道本及其覆刻本「大」作「太」。「大」、「太」古今字。

活字本、張一鯤本、吳勉學本、《國語評苑》、《鈔評》、閔齊伋本、二乙堂本、薈要本、道春點本、千葉玄之本、黃刊明道本及其覆刻本、董增齡本、秦鼎本、高木本「于」作「於」。

64. 工恊革……

【按】許本「恊」皆作「協」，「忄」、「十」形近，故混作而成俗，類似者如「博」與「愽」等。本處遞修本、閔齊伋本、薈要本、文淵閣本、文津閣本、黃刊明道本及其覆刻本、董增齡本、秦鼎本等字作「協」。

65. 【注】事謂因藉田與民狩以簡知其數也

【按】許本「民」字作「狻」，活字本、薈要本、文淵閣本、文津閣本、黃刊明道本及其覆刻本、秦鼎本「民」字作「蒐」，「蒐」、「狻」音同義通，拙著《〈國語補音〉異文研究》有詳辨，可參。審《冊府元龜》卷三二三、《儀禮經傳通解》卷三六引韋注字作「蒐」，不作「民」。本處韋注對應的《國語》正文為「又審之以事」，《國語》下文復云：「王治農於藉，蒐于農隙，耨穫亦於藉，獮於既烝，狩於畢時，是皆習民數者也。」則「農於藉，蒐于農隙，耨穫亦於藉，獮於既烝，狩於畢時」皆為「審之以事」之「事」所指，那麼韋注原文作「蒐（狻）狩」似較「民狩」更合文義。多本作「民」者，泥於後文「簡知其數」之「其」當有所指，故以「民」字。「其」字作代詞指代「民」是毫無疑問的，但并不一定在本句中出現「其」的指代對象。

又丁跋本「藉」字作「籍」，許本作「耤」，後不再出。又《鈔評》「數」作「数」。

66. 蒐于農隙

【按】許本「蒐」作「狻」，遞修本作「搜」，「扌」、「犭」形近混同，實即「搜」、「獀」字，王鉴《國語古文音釋》出「狻蒐」。「蒐」、「狻」音同可

通。《百家類纂》本無「隙」字，當係脫漏。

張一鯤本、《國語評苑》、《鈔評》、吳勉學本、閔齊伋本、二乙堂本、道春點本〔註51〕、董增齡本、秦鼎本「于」作「於」。

67.【注】禽獸懷姙未著

【按】遞修本、許本「著」作「箸」，亦形近混作者。

68.【注】秋乃取之也。農隙仲春既耕之後隙閒

【按】遞修本、許本「秋乃取」作「擇而取」且「擇」上有「獀（搜）」字，無「之」下之「也」字，「隙閒」下有「也」字。活字本、薈要本、文淵閣本、文津閣本、黃刊明道本及其覆刻本、董增齡本、秦鼎本作「搜而取」，《儀禮經傳通解》卷三六、《文獻通考》卷一一○引與活字本等同，前既取「蒐，擇也」，故「搜」、「擇」同義，是「擇而取」亦不誤。審本處注文對應《國語》正文為「蒐于農隙」，注文上云「春田曰蒐。蒐，擇也。禽獸懷姙未著」，則不當言「秋乃取」，是「秋乃取」誤，當從其他本作「擇而取」。汪遠孫《攷異》謂「『搜』下公序本有『擇』字」〔註52〕，當即據許本為說。上文既釋「蒐，擇也」，則此處「擇而取」上以不出「搜（獀、搜、蒐）」字為更合。

又丁跋本、黃刊明道本及其覆刻本「隙閒」之「閒」作「閑」，「閒」、「閑」音同可通，正當作「閒」。《舊音》以「閒」音「閑」，宋庠《補音》非之，謂：「『隙』既訓『閒』，則當音『人閒』之『閒』。」〔註53〕言可從。

69.【注】順時始殺也

【按】許本無「也」字。

70.【注】示天下以寡弱諸矦將避遠也言不親附也

【按】活字本、許本、薈要本、文淵閣本、文津閣本、秦鼎本、黃刊明道本及其覆刻本「也言」作「王室」。具體用字不同，斷句亦異，作「也言」，

〔註51〕 注「蒐，擇也」之「擇」，道春點本、千葉玄之本誤作「釋」，京都大學圖書館藏道春點本之批校本已揭出道春點本之誤。
〔註52〕 （清）汪遠孫：《國語明道本攷異》，頁270。
〔註53〕 （宋）宋庠：《國語補音》卷一，本卷頁11。

當斷作「示天下以寡弱，諸侯將避遠也。言不親附也」；作「王室」，當斷作「示天下以寡弱，諸侯將避遠王室，不親附也」。從語義上看，作「也言」亦通，但未如「王室」更合文義語境，且作「王室」前後語氣更爲貫通。當從活字本、許本等作「王室」。

71. 害於政而妨於後嗣

【按】凡「嗣」，許本率作「孠」。《說文》謂「孠」爲「嗣」字之古文〔註54〕，是許本字作「孠」字之所本。

72. 【注】幽王在焉葢岐之所近也

【按】許本「葢」誤作「湮」。遞修本、薈要本、文淵閣本、文津閣本、活字本、黃刊明道本及其覆刻本、秦鼎本「葢」作「邠」。王應麟（1223～1296）《詩地理考》卷三、眞德秀《文章正宗》卷六引注字作「邠」，與遞修本、明道本同。邠、岐皆周之發祥地，然就絕對地理位置而言，岐距鎬京較邠距鎬京更近，且岐更爲周之發祥地，故雖「葢岐」與「邠岐」皆近事情，然恐以作「葢」字更勝。

73. 【注】言民者不敢斤王也

【按】許本「斤」作「庌」，疑金李本「斤」字本當作「斥」，遞修本、張一鯤本及其覆刻本、詩禮堂本、薈要本、文淵閣本、文津閣本、二乙堂本、活字本、黃刊明道本及其覆刻本、董增齡本等《國語》各本字皆作「斥」。《說文·广部》：「庌，卻屋也。」段注云：「俗作屵、作斥，幾不成字。」〔註55〕《正字通》以「庌」爲「斥」之本字。是許本字作「庌」之理據。

74. 陽伏而不能出陰遁而不能烝

【按】遞修本、活字本、許本、薈要本、文淵閣本、文津閣本、黃刊明道本及其覆刻本、董增齡本、秦鼎本、高木本、寶善堂本、《補正》、《詳注》、《集解》、《四部備要》本、《叢書集成初編》本、上古本「遁」作「廹」。惠批：「廹，宋本同，《史記》亦作『廹』。案：注當從『廹』。《南史·明僧侶傳》

〔註54〕 （漢）許愼：《說文解字》，頁48下。
〔註55〕 （漢）許愼：《說文解字》，頁193上。（清）段玉裁：《說文解字注》，頁446上。

亦引作『廹』。」《左傳》文公八年與昭公二三年疏、《唐開元占經》卷四《地動》、《舊唐書‧五行志》等引字亦作「迫」。恩田仲任等以明道本「迫」字爲是。《札記》云：「惠云：《史記》同。《南史‧明僧紹傳》引亦作『迫』。丕烈案：《五行志》亦同。別本作『遁』，誤。」〔註56〕《考異》未及本條，秦鼎引《札記》爲說。拙稿《唐宋類書引〈國語〉研究》經過詳細比證，以爲金李本、詩禮堂本等作「遁」字是，作「迫」者恐未確，可詳參彼文。又「辶」、「乁」形近易混，故「迫」可寫作「廹」。

又《鈔評》「能」作「𪠀」，亦「能」字之俗寫。

75. 【注】陰氣在下陽氣迫之

【按】許本「陽」、「陰」位置互倒，與遞修本、黃刊明道本及其覆刻本同。拙稿《唐宋類書引〈國語〉研究》有詳說，可參。

76. 【注】惠王毋涼也

【按】許本、張一鯤本、秦鼎本、活字本「涼」作「凉」，「氵」、「冫」形近，古書中多混作。又「母」、「毋」形、音皆近，《國語》中多本「毋」亦作「母」，古書中「毋」、「母」亦往往形近混用。

77. 曰是何故固有之乎

【按】丁跋本「固」誤作「國」。韋注謂：「故，事也。固，猶嘗也。」高木熊三郎謂：「故與固並如字自通，註乃甕之。」〔註57〕此句之「故」爲名詞，「固」爲副詞，韋注之釋亦在明「故」、「固」二字之不同。高木氏恐誤會韋注。又汪遠孫《攷異》云：「《說苑‧辨物篇》無『固』字，疑今本衍。古『故』、『固』通用。」〔註58〕言「故」、「固」二字通用者是，言「疑今本衍」則非。

78. 其君貪冒辟邪

【按】童本「冒」誤作「胃」，亦形近而誤。

〔註56〕 （清）黃丕烈：《校刊明道本韋氏解國語札記》，頁243。
〔註57〕 （日）高木熊三郎：《標注國語定本》，本卷頁15。
〔註58〕 （清）汪遠孫：《國語明道本攷異》，頁271。

79. 【注】傳曰黍稷其馨明德惟馨

【按】許本「其」作「非」,遞修本、活字本、薈要本、文淵閣本、文津閣本、董增齡本、秦鼎本、黃刊明道本及其覆刻本、綠蔭堂本字亦作「非」,且「黍」作「黍」。千葉玄之云:「注『其馨』,《周官‧君陳》作『非馨』。」〔註59〕今以「馨明德惟馨」爲檢索項在基本古籍庫中檢索,「稷」字之後皆作「非」,無作「其」者,作「其」亦與全句不協。《左傳‧僖公五年》引《周書》即作「黍稷非馨,明德惟馨」,僞孔傳云:「所謂芬芳,非黍稷之氣,乃明德之馨,勵之以德。」〔註60〕是知字必以作「非」字爲是。金李本、明德堂本、詩禮堂本等「其」字誤。

80. 其亡也回祿信於聆隧

【按】丁跋本、許本、薈要本、活字本、《百家類纂》本、《鈔評》「聆」作「聆」,注同。惠批:「《汲郡古文》云:帝癸二十年,聆隧災。《說苑》作『亭隧』。」拙著《小學要籍引〈國語〉研究》、《唐宋類書引〈國語〉研究》皆詳辨之,以字當作「聆」爲是,作「聆」者形近而誤,可參彼文。

又吳勉學本「回」作「囬」。

81. 商之興也檮杌次於丕山

【按】童本「商」作「商」。《干祿字書‧平聲》云:「商商,上俗下正。」〔註61〕則「商」爲「商」之俗字,由於「商」爲「商」之俗字,故以「商」爲構件之字,「商」亦多有寫作「商」者。張一鯤本、道春點本、千葉玄之本等皆有此類情況。韋注謂「檮杌」爲鯀,王煦《國語釋文》云:「檮杌自是獸名,不必據《內傳》以爲鯀也。」〔註62〕王說可從。

82. 其衰也杜伯射王于鄗

【按】許本「射」作「躲」,《說文‧矢部》收「躲」字,謂:「弓弩發於身而中於遠也,从矢从身。」〔註63〕惠批:「事見《墨子》。」實在《墨子‧

〔註59〕 (日)千葉玄之:《韋注國語》,本卷頁19。又京都大學圖書館藏批校本道春點本《國語》校語云:「其,一作『非』。」已揭出各本之異。

〔註60〕 (清)阮元校刻:《十三經注疏》,頁237上。

〔註61〕 施安昌編:《顏眞卿書干祿字書》,北京:紫禁城出版社1992年版,頁29。

〔註62〕 (清)王煦:《國語釋文》卷一,本卷頁11。

〔註63〕 (漢)許慎:《說文解字》,頁110上。

明鬼篇》。拙著《〈國語補音〉異文研究》、《唐宋類書引〈國語〉研究》於此有詳辨，可參。

吳勉學本「于」作「於」。

83. 實臨照周之子孫而禍福之夫神壹不遠徙遷焉

【按】活字本、黃刊明道本及其覆刻本「實」前有「是」字，汪遠孫《攷異》云：「公序本無『是』字，是也。『實』當作『寔』。寔，是也。《說苑》作『是』，『是』即『寔』也。不應重『是』字，《爾雅·釋詁》邢疏引《國語》無『是』字，可證。」〔註64〕金李本、詩禮堂本「徙」當爲「徙」字之誤，其他各本字俱作「徙」，注同。惠批：「注語不經之。」或韋注言涉「神一心依憑於人」，故惠棟以爲「不經」。

許本「壹」作「一」，下皆同。「壹」、「一」用同。

又遞修本無「焉」字，審《說苑·辨物篇》亦無「焉」字，無「焉」字無礙於文義。

又《說苑》「臨照」作「監燭」，「神壹」作「一神」，王鍈等釋「監」作「鑒」〔註65〕，亦通。

84.【注】一心依憑於人不遠徙遷焉

【按】活字本、許本、薈要本、文淵閣本、文津閣本、黃刊明道本及其覆刻本「一心」上有「言神」二字。活字本、薈要本、文淵閣本、文津閣本、黃刊明道本及其覆刻本「一心」之「一」作「壹」，注無「徙」字。

遞修本、張一鯤本、詩禮堂本、薈要本、薈要本、文津閣本、許本、道春點本、千葉玄之本、董增齡本、秦鼎本、高木本「憑」作「馮」，「馮」、「憑」古今字，汪遠孫《攷異》已揭出者。董增齡本注字亦作「一」。

85. 大宰以祝史帥

【按】活字本、許本、黃刊明道本及其覆刻本「大」作「太」，注「大史」、「大祝」之「大」亦作「太」。「大」、「太」古今字。《國語》各本「大」、「太」多混用。就本處而言，公序本之遞修本、張一鯤本及其覆刻本、詩禮堂本等《國語》多本作「大」。

〔註64〕（清）汪遠孫：《國語明道本攷異》，頁271～272。
〔註65〕王鍈、王天海譯注：《說苑全譯》，貴陽：貴州人民出版社1992年版，頁785。

86. 帥傅氏及祝氏（傅氏狸姓也在周為傅氏）

【按】遞修本、許本注「傅氏狸姓也」作「姓也在傅也」，不辭。當從《國語》眾本作「傅氏狸姓也」。

87.【注】所以灌地降神之器

【按】許本「灌」作「祼」，童本「器」作「噐」。明道本各本「器」後有「也」字。今所參其他各本、《冊府元龜》卷七八〇、《文獻通考》卷九〇引字皆作「灌」。陳瑑《翼解》卷一云：「《考工記》：『祼圭，尺有二寸，有瓚。』鄭注：『祼之言灌也。祼謂始獻酌奠也。』」〔註66〕則「灌」即「祼」字之語源義，許本改用本字。許錟輝云：「考『器』於隸書作『噐』，所從犬形似工，故訛變作『噐』。」〔註67〕「器」、「噐」異體字。

88. 十九年晉取虢

【按】童本「晉」作「晋」，下「晉不亡其君必無後」同。《國語》各本中多有「晉」、「晋」同現現象，拙稿《〈國語補音〉異文研究》有詳辨，可參。又《鈔評》「晉」作「晋」，「虢」作「虢」，「虢」亦「虢」字別體。

89.【注】不敬慢惰也

【按】許本作「惰慢」，亦通。然審《國語》各本皆作「慢惰」，則許本「惰慢」或倒。審中國基本古籍庫「惰慢」734見，「慢惰」56見。從頻度上看，「惰慢」更爲常見。「惰」、「慢」二字爲同義並列關係，孰前孰後實皆無礙於文義。既然「惰慢」比「慢惰」更常見，且《國語》多本作「慢惰」，許本可從而改。

90. 萬夫有辠，在余一人

【按】惠批：「罪，已後皆改。」活字本、黃刊明道本及其覆刻本字作「罪」，「辠」、「罪」亦可看作《國語》公序本、明道本的區別特徵。

惠棟又曰：「《湯誓》無此言。梅賾採入《湯誥》，狂妄無知，及人信之，無所不能。」朱彝尊《經義考》二六〇云：「《國語》引……文雖與魯經小

〔註66〕（清）陳瑑：《國語翼解》卷一，本卷頁11。
〔註67〕許錟輝：「噐」字研訂說明，《異體字字典》在線版，http://dict2.variants.moe.edu.tw/variants/。

異，然亦謂《湯誓》。其爲《湯誓》逸句無疑也，梅賾不察，誤入諸《湯誥》篇。」〔註68〕王煦謂：「《論語・堯曰篇》『予小子履』一節孔安國注云《墨子》引《湯誓》其詞若此。今本傳引《湯誓》與《墨子》大同。乃不見於今文《湯誓》而見於古文《湯誥》。豈數語本古文《湯誥》之詞而二書竝誤以『誥』爲『誓』乎？抑今文《湯誓》亦非完書，如韋氏所云散亡乎？闕之。」〔註69〕秦鼎亦謂：「今見《湯誥》。」〔註70〕又董增齡《國語正義》言其本始頗詳，可備說。

91. 猶恐有墜失也

【按】許本無「恐有」之「有」字，或脫。活字本、黃刊明道本及其覆刻本、《補正》、《詳注》、《集解》「恐」下有「其」字。審《太平御覽》卷二○二、《文章正宗》卷四、《通志》卷一八一引皆無「其」字。有「其」字似語氣更爲完足。京都大學藏本校語云：「墜失，謂其物也。」〔註71〕

92. 【注】言爲之法制

【按】許本無「之」字，二乙堂本注文只保留「法制」二字。審遞修本韋注全文爲：「言爲之法制備悉如此，尚有放散轉移解慢於事、不奉職業者，故加之刑辟，流之荒裔也。」「之」字當爲指示代詞，無「之」字亦通。

93. 於是乎有夷蠻之國

【按】許本「夷蠻」作「蠻夷」，注同。活字本、《百家類纂》本、黃刊明道本及其覆刻本、秦鼎本亦作「蠻夷」。古書中「蠻夷」較「夷蠻」更爲常見。

94. 陵其民（虐處者也）

【按】童本字作「虐處」，爲「虐處」之俗字，童本多用俗字。
《鈔評》「陵」作「陵」，「陵」爲「陵」字之俗。

〔註68〕（清）朱彝尊：《經義考》，臺北：臺灣商務印書館1986年版《景印文淵閣四庫全書》第680冊，頁351下。

〔註69〕（清）王煦：《國語釋文》卷一，本卷頁13。

〔註70〕（日）秦鼎：《春秋外傳國語定本》卷一，本卷頁17。

〔註71〕（日）林羅山點校：《國語》卷一，日本京都大學圖書館藏批校本，本卷頁20。

95. **替**摯無鎮

【按】童本「摯」誤作「勢」。《鈔評》「**替**」作「替」，「**替**」亦「替」字之俗。

96. 【注】事惡象凶

【按】丁跋本「象」誤作「相」。

97. 襄王使大宰文公及內史興賜晉文公命（大宰……

【按】此處「大」，許本同。活字本、李克家本、黃刊明道本及其覆刻本「大」作「太」。又《鈔評》「晉」作「晋」。

98. 【注】說云衣玄端冠委貌

【按】許本「貌」作「皃」，「皃」、「貌」古今字。前文已有說，此處不贅。

99. 【注】謂上卿逆於**埄**

【按】許本「**埄**」作「境」。此處許本未改「境」爲「竟」，「竟」、「境」古今字。金李本「**埄**」闕末筆，保留宋諱。關於「竟」、「境」等字的避諱問題，拙著《〈國語補音〉異文研究》有詳辨，可參。

100. 【注】仁行則有恩

【按】丁跋本「有恩」作「有報信」，許本「有恩」作「有報」。按《周語上》本處注文下正文爲「信所以守也」，則丁跋本注「有報信」之「信」涉下文「信」字而衍。「恩」、「報」義亦相會，但「報」字具有「恩報」之義在韋昭之時恐尚未有，故以「恩」字更合。

又秦鼎本、活字本、黃刊明道本及其覆刻本注「恩」後有「也」字。

101. 【注】偷苟且也

【按】許本無「且」字，作「偷苟也」。當從《國語》多本增「且」字。

102. 節度不攜……

【按】活字本、童本、吳勉學本、閔齊伋本、詩禮堂本、千葉玄之本「攜」

作「攜」,《百家類纂》本、二乙堂本作「攜」,「攜」、「攜」爲「攜」之別體。拙著《〈國語〉動詞管窺》、《小學要籍引〈國語〉研究》、《〈國語補音〉異文研究》皆於「攜」之別體有較詳辨析,可參。

103.【注】賈侍中云三謂忠信仁也

【按】丁跋本「仁」字脱下一橫,未知是膠片不清楚還是原刻本漏刻。

104.【注】逮及也

【按】各本註釋格式爲雙行小字「逮及也」,丁跋本則作「逮及也」。照正常編排,「也」字當與「逮」字持平,丁跋本如此排刻,或亦偶亂版式,未必有深意。

105. 晉矦納之(納王……)

【按】許本「納」作「內」,下不再出。

106. 二十一年以諸矦朝于衡雝

【按】活字本、張一鯤本、《國語評苑》、童本、二乙堂本、詩禮堂本、道春點本、秦鼎本「衡」作「衡」,「衡」中「奠」爲「魚」字別體,故「衡」、「衡」異體字。

又活字本、黃刊明道本及其覆刻本「雝」作「雍」。吳勉學本「于」作「於」。

107.【注】在今河內溫地

【按】遞修本活字本、許本、黃刊明道本及其覆刻本、《補正》「地」作「也」。注文上云「衡雝、踐土皆鄭地」,則此處再用「溫地」似嫌重複,恐以作「也」字更合,當然作「地」並不誤。沈鎔《詳注》云:「衡雍:鄭地,今河南河陰縣西北十五里有桓雝城,即古衡雍。踐土:鄭地,今河南湯陰縣西北十五里,有王宮城,城內東北隅有踐士臺,即晉文公作王公地也。」〔註72〕

〔註72〕 沈鎔:《國語詳注》卷一,上海:文明書局 1925 年版,本卷頁 9。點校本《國語集解》用沈鎔注,引「古衡雍」之「雍」作「州」,「作王公」之「作」作「朝」。審《公羊傳・僖公二十八年》云:「五月癸丑,公會晉侯、齊侯、宋

108. 【注】王命尹氏及王子虎內史叔興史策命

【按】遞修本、活字本、許本、薈要本、文淵閣本、文津閣本、董增齡本、黃刊明道本及其覆刻本、秦鼎本「史策命」之「史」作「父」。千葉玄之云：「注『史』當爲『父』。」〔註73〕因上文注即云「內史興叔父」，故此亦當作「父」。又黃刊明道本及其覆刻本本處注脫「叔」字，上注脫「父」字，汪遠孫《攷異》已揭出。

109. 【注】一卣虎賁三百人

【按】許本「卣」作「肉」。段注云：「肉之隸變爲卣，《周書・雒誥》曰：『秬鬯二卣。』《大雅・江漢》曰：『秬鬯一卣。』毛云：『卣，器也。』鄭注《周禮》『廟用修』曰：『修讀曰卣，卣、中尊。凡彝爲上尊，卣爲中尊，罍爲下尊。中尊謂獻象之屬。』」〔註74〕是「肉」爲「卣」之古文。

公、蔡侯、鄭伯、衛子、莒子，盟于踐土。陳侯如會。其言如會何？後會也。公朝于王所。曷爲不言公如京師？天子在是也。則曷爲不言天子在是？不與致天子也。」何休解詁云：「時晉文公年老，恐霸功不成，故上白天子曰：『諸侯不可卒致，願王居踐土下。』謂諸侯曰：『天子在是，不可不朝。』迫使正君臣、明王法。」則沈鎔《詳注》「作王公」是，《集解》不必改字作「朝」。《中國歷史大辭典（歷史地理卷）》釋云：「踐土，今河南原陽縣西南。」（《中國歷史大辭典（歷史地理卷）》，上海辭書出版社 1996 年版，頁 885）

〔註73〕 千葉玄之校：《韋注國語》卷一，本卷頁 17。
〔註74〕 （清）段玉裁：《說文解字注》，頁 317 上。

周語中第二

1. 王怒將以翟伐鄭……

【按】本行丁跋本比金李本多一字，故移下行「諫」字於本句最末。

活字本、黃刊明道本及其覆刻本、寶善堂本、《補正》、《詳注》、《集解》、《四部備要》本、《叢書集成初編》本、上古本「翟」作「狄」。徐元誥謂：「狄，《史記・周本紀》作『翟』，通。」〔註1〕

2. 人有言曰兄弟讒**鬩**

【按】許本「鬩」作「鬩」，「門」、「鬥」形近而混，古書中此類多有，《國語》多本如遞修本、活字本、張一鯤本、詩禮堂本等中從「鬥」之字，「鬥」亦多寫作「門」字。拙稿《〈國語補音〉異文研究》、《唐宋類書引〈國語〉研究》皆有詳辨，可參。惠批：「**鬩**讀曰擬。」《說文》謂「鬩」字「从鬥从兒」，則從《說文》的角度認爲「鬩」是會意字。惠氏讀作「擬」者，是以「鬩」爲形聲字，讀「兒」音。審《廣韻》「鬩」在曉紐錫韻，今漢語拼音標讀作「xì」。

3. 【注】百里諭遠也

【按】許本「諭」誤作「踰」。

4. 兄弟**鬩**于牆

【按】丁跋本「牆」作「墙」。《說文》有「牆」無「墙」，云：「牆，垣

〔註 1〕 徐元誥撰，王樹民、沈長雲點校：《國語集解》（修訂本），頁 44。

蔽也。从嗇爿聲。」〔註 2〕是知「牆」字爲左聲右形結構。「墙」字在傳世的小學書中最早見於《玉篇》。《玉篇》、《干祿字書》等以「牆」爲正字,「墙」爲俗字。「牆」字是形聲字。凡「牆」,多以版築之法壘土而成,這是「墙」字的構形理據。實際上就「牆」字而言,「爿」作爲音符的示音效果未能彰顯,故對於「牆」字結構的認識是有變化的,即由左聲右形到左形右聲,在這種「誤讀」的作用下,「嗇」也有「qiang」音且作爲聲符參與構字,如「薔」、「墙」、「嬙」、「檣」、「廧」、「艢」等。「墙」字應該是在對「牆」字形聲結構產生「誤讀」的前提之下產生的,故當爲「牆」字之俗,今則爲通用字。

張一鯤本、《國語評苑》、吳勉學本、二乙堂本、道春點本、千葉玄之本、董增齡本、綠蔭堂本、秦鼎本「于」作「於」。

薈要本、文淵閣本、文津閣本「閟」作「閟」。

5.【注】文公之詩者周公旦之所作

【按】丁跋本「旦」誤作「是」。

6.【注】故召穆公思周德之不類

【按】丁跋本「召」誤作「郡」。或其欲刻寫「邵」字而誤作「郡」,從下文可知。遞修本、黃刊明道本及其覆刻本「召」作「邵」,「召」、「邵」的不同也是《國語》公序本、明道本的區別特徵之一。活字本「召」字處空白無字,當係漏刻。

7.【注】穆公召康公之後穆公虎也

【按】遞修本、丁跋本、黃刊明道本及其覆刻本「召」作「邵」。凡此「召」字,公序本系統中字多作「召」,黃刊明道本系統中字多作「邵」。

8. 雖閟不敗親也

【按】丁跋本、童本、《鈔評》「雖」作「雖」。「口」、「厶」在一定應用環境中作爲構字部件可相互替換,拙著《〈國語補音〉異文研究》、《唐宋類書引〈國語〉研究》於此有詳細考論,可參。

〔註 2〕　(漢) 許慎:《說文解字》,頁 111 下。

9. 鄭武莊有大動力

【按】活字本、《鈔評》「莊」作「荘」，丁跋本「莊」作「𦹥」，「𡈼」、「圡」爲「土」之別體，故「荘」、「𦹥」亦爲「莊」字之別體。

10. 【注】惠王叔父也

【按】丁跋本、童本「叔」多作「𡬶」，「𡬶」爲「叔」俗字，「上」、「止」形近混同。拙著《〈國語補音〉異文研究》於此有詳辨，可參。

11. 【注】厲公殺子穨而納之事在周語上

【按】許本本處「納」字未改作「內」。

12. 且夫兄弟之怨不徵於它

【按】丁跋本不避「敬」字、「徵」字，但是闕末筆避「桓」字，後來的張一鯤本、吳勉學本等也避「桓」字，「桓」字爲宋欽宗名。活字本、黃刊明道本及其覆刻本「它」作「他」，汪遠孫《攷異》已揭出其異，謂「它、他古今字」〔註3〕，「他」、「佗」同字，故「它」、「他」可爲古今字。

13. 【注】降下也

【按】丁跋本「下」似誤作「市」。

14. 昔摯疇之國也由太任

【按】遞修本、活字本、許本、張一鯤本、《國語評苑》、吳勉學本、二乙堂本、閔齊伋本、薈要本、文淵閣本、文津閣本、道春點本、千葉玄之本、黃刊明道本及其覆刻本、秦鼎本「太」作「大」。

15. 【注】世本云密須姞姓

【按】丁跋本「姞」誤作「姑」。遞修本、黃刊明道本及其覆刻本「世」作「丗」。「世」、「丗」異體字。

16. 【注】亦其黷姓所以亡

【按】丁跋本「姓」誤作「比」。

〔註3〕（清）汪遠孫：《國語明道本攷異》，頁274。

黃刊明道本及其覆刻本、寶善堂本、《補正》、《詳注》、上古本「黷」作「嬻」，《冊府元龜》卷五三四引字作「黷」。汪遠孫《攷異》謂《補音》作「黷」，審活字本亦作「黷」。因爲活字本是以經筵所藏爲底本，根據朝鮮從中國以及日本所購《國語》、《補音》等校訂成的，故活字本「黷」字尚不能肯定認爲明道本別本字亦有作「黷」者。《補音》云：「或作『瀆』。」〔註4〕是宋庠時或見有字作「瀆」之本。桂馥《義證》云：「嬻，通作黷。」〔註5〕「嬻」、「黷」二字同源，音同義通。

17. 廬由荊媯

【按】活字本、許本、黃刊明道本及其覆刻本、寶善堂本等「廬」作「盧」。汪遠孫《攷異》云：「盧，金本作『廬』，《漢書・地理志》『廬江郡』應劭曰：『故廬子國。』」〔註6〕

又《叢刊》本「荊」字實「荊」字之誤。

18. 若七德離判民乃攜貳

【按】童本本處「攜」字未改。二乙堂本、詩禮堂本、千葉玄之本「攜」作「携」。

19. 【注】鄭今之新鄭新定之於王城

【按】遞修本、活字本、許本、黃刊明道本及其覆刻本「新定」作「新鄭」，活字本、黃刊明道本及其覆刻本無「今之」之「之」字。從文義看，是通過新鄭與王城的距離判定其在畿內還是在畿外，故當以「新鄭之於王城」爲最切。「新鄭定之於」或「新定之於」恐皆未當。薈要本、文淵閣本、董增齡本、秦鼎本、高木本並從明道本爲注。

又董增齡本「於」作「于」。

20. 【注】其見待重於宋地之君

【按】遞修本、活字本、許本、薈要本、文淵閣本、文津閣本、道春點

〔註4〕 （宋）宋庠：《國語補音》，本卷頁16。
〔註5〕 （清）桂馥：《說文解字義證》，上海古籍出版社1987年影連筠簃叢書本，頁1087上。
〔註6〕 （清）汪遠孫：《國語明道本攷異》，頁274。

本、千葉玄之本、黃刊明道本及其覆刻本、董增齡本、秦鼎本「宋」作「采」。
《冊府元龜》卷五三四引字作「茱」，誤，字當作「采」。金李本、《國語評苑》、
詩禮堂本、《叢刊》本等「宋」字當爲「采」字之誤。

21.【注】莊王它也

【按】許本「它」作「佗」，黃刊明道本及其覆刻本作「他」，「佗」、「他」
異體字，「它」爲「佗」之聲符字。汪遠孫謂《舊音》作「它」。三字皆可通。
許本「它」寫作「佗」恐自亂其例。

22.【注】惠王毋涼也

【按】遞修本、丁跋本、許本、張一鯤本、詩禮堂本、薈要本、文淵閣
本、文津閣本、董增齡本、秦鼎本「毋」作「母」，由於「母」、「毋」語音、
字形皆相近，故多混用，上文已見。活字本、黃刊明道本及其覆刻本無「毋」
字。汪遠孫云：「《舊音》、賈注無「毋」字，《補音》云：『《世本》及《古今
人表》竝作毋涼。』案：《史記·周本紀》索隱引《世本》有『毋』字，《內
傳·昭二十六年》疏引《世本》無『毋』字，《史記》作『閬』，『閬』、『涼』
聲近，亦無『毋』字，未知孰是。」〔註7〕張以仁《集證》亦引汪遠孫之說爲
說。《冊府元龜》卷五三四引有「母」字。王念孫（1744～1832）《讀書雜志·
史記第二》云：「《周本紀》『惠王閬』，《世本》作『母涼』。『涼』、『閬』古字
通，『母』發聲。」〔註8〕亦可備說。今各種載籍所記惠王之名亦頗參差，莫
衷一是。

23.【注】出於宣王之世

【按】遞修本、活字本、丁跋本、黃刊明道本及其覆刻本「世」作「丗」，
「丗」、「世」異體字，實因避唐諱而產生的異形。拙稿《李慈銘〈讀國語簡
端記〉補箋》有詳說，可參。

又活字本、《國語評苑》、黃刊明道本及其覆刻本「丗」後有「也」字。

24. 王以翟女閒姜任非禮且棄舊也

【按】活字本、許本「閒」多作「間」，遞修本、道春點本、黃刊明道本

〔註7〕 （清）汪遠孫：《國語明道本攷異》，頁271。
〔註8〕 （清）王念孫：《讀書雜志》二，北京市中國書店1985年版，本冊頁23。

及其覆刻本等字多作「閒」，二字異體。活字本、黃刊明道本及其覆刻本「翟」作「狄」。

25. 翟封豕豺狼也不可厭也

【按】許本、《鈔評》、黃刊明道本及其覆刻本「厭」作「猒」。《說文‧甘部》：「猒，飽也。从甘从肰。」《厂部》：「厭，笮也。从厂猒聲。」段注云：「猒、厭古今字；猒、饜正俗字。」〔註9〕馬敘倫認爲「猒」字構件「肰」爲聲符〔註10〕，可從。一般情況下，公序本系統用古字較多，黃刊明道本及其覆刻本用今字較常見。然而本處用字，黃刊明道本及其覆刻本卻用古字，而公序本多本、活字本等用今字。

黃刊明道本及其覆刻本、寶善堂本、《四部備要》本、上古本「豺」作「犲」。汪遠孫《攷異》云：「公序本『豺』作『犲』，下同。《說文》從『豸』。」〔註11〕審活字本、《補正》、《詳注》、《集解》、《叢書集成初編》本字則作「豺」，與公序本《國語》同。所參各本中唯黃刊明道本及其覆刻本等字作「犲」。「犲」字見收於《玉篇》、《類篇》等魏晉以後的字書中。簡宗梧云：「從『豸』之字，其俗體或從『犭』，如『貓』作『猫』之類。」〔註12〕其說可從。

26. 富辰曰昔吾驟諫王王弗從

【按】遞修本、活字本、張一鯤本、《國語評苑》、吳勉學本、童本、二乙堂本、閔齊伋本、詩禮堂本、薈要本、文淵閣本、文津閣本、道春點本、千葉玄之本、黃刊明道本及其覆刻本、董增齡本、秦鼎本「**驟**」作「驟」，說見前。

27. 【注】在魯僖之二十五年

【按】丁跋本「二」誤作「一」。

〔註 9〕 （漢）許愼：《說文解字》，頁 100 下、頁 194 上。（清）段玉裁：《說文解字注》，頁 202 上。

〔註10〕 馬敘倫：《說文解字六書疏證》卷九，上海書店 1985 年據科學出版社 1957 年版重印，本卷頁 62。

〔註11〕 （清）汪遠孫：《國語明道本攷異》，頁 274。

〔註12〕 簡宗梧：「犲」字研訂說明，《異體字字典》在線版，http://dict2.variants.moe. edu.tw/variants/。

28. 使各有寧宇（寧安也宇居也）

【按】許本「宇」作「寓」，「寓」爲「宇」字籀文，《說文》收之。「寓」字文獻中較爲少見，又寫作「窩」。拙著《小學要籍引〈國語〉研究》有詳辨，可參。

《札記》引段云：「《書・禹貢》、《詩・殷武》正義引皆作『寰宇』。」〔註13〕汪遠孫《攷異》亦從《札記》引段說。張以仁謂：「作『寰宇』實不辭。細查《禹貢》及《殷武》正義均無此文。段氏失檢而《札記》、《攷異》皆以訛傳訛者也。」〔註14〕今審《禹貢》「二百里流」疏、《殷武》「天命有辟」疏皆有「使各有寰宇」之言。然《禹貢》疏、《殷武》疏二處實皆未明言引自《國語》，而段以爲出自《國語》。《札記》、《攷異》固未詳審，張亦未能詳勘。沈廷芳（1702～1772）《十三經注疏正字》卷五云：「寰宇，《國語》作『寧宇』。案《詩・頌・殷武》疏亦作『寰』，當古本作『寰宇』也。」〔註15〕《正字》卷二二亦言之。「寧」、「寰」上半部分字形近似，或有混作的可能。當然，就組合的出現頻次上而言，「寰宇」較「寧宇」更爲常見。要之，《國語》「寧宇」、《禹貢》與《殷武》疏「寰宇」各適用於其語境，不因二者文句近似而以文句中不同的字必趨於相同而後可。

又董增齡本「寧」作「甯」，「寧」、「甯」同字。

29. 足以供給神祇而已

【按】丁跋本「祇」作「祇」，正當作「祇」。《說文・示部》：「祇，地祇，提出萬物者也。」「祇，敬也。」〔註16〕二字音亦不同，「祇」上古、《廣韻》音皆在羣紐，「祇」上古、《廣韻》音皆在章紐。「祇」、「祇」字形相近而混，《國語》各本中「祇」多有寫作「祇」者，如活字本、張一鯤本、李克家本、詩禮堂本、道春點本、二乙堂本、閔齊伋本、《國語評苑》、董增齡本、綠蔭堂本、千葉玄之校本、文淵閣本等。如文淵閣本《妙絕古今》卷一引作「祇」，而文淵閣本《文章正宗》卷四則引字作「祇」。拙稿《〈國語補音〉異文研究》有詳辨，可參。

〔註13〕 （清）黃丕烈：《校刊明道本韋氏解國語札記》，頁 244。

〔註14〕 張以仁：《國語斠證》，頁 70。

〔註15〕 （清）沈廷芳：《十三經注疏正字》，臺北：臺灣商務印書館 1986 年《景印文淵閣四庫全書》第 192 冊，頁 61 下。

〔註16〕 （漢）許慎：《說文解字》，頁 7 下、頁 8 上。

30. 余一人豈敢有愛也

【按】凡「愛」,許本率作「忎」。《說文·夊部》:「愛,行兒。从夊忎聲。」《心部》:「忎,惠也。」朱珔(1769～1850)《說文假借義證》云:「今『惠忎』字皆借『愛』字爲之,而『忎』廢,即『愛』之本義亦廢矣。」〔註17〕馬敘倫(1885～1970)以爲「忎」爲「愛」之雙聲轉注字。《玉篇·心部》:「忎,今作愛。」〔註18〕是許本字作「忎」的理據。

31. 【注】言服其服器

【按】活字本、許本、黃刊明道本及其覆刻本、秦鼎本、寶善堂本、《補正》等「器」作「則」。《妙絕古今》卷一、《文章正宗》卷一引字亦作「則」。秦鼎謂:「『則行』之『則』,非矣。今從明本。」〔註19〕「器」字不辭,可從活字本、許本等作「則」字。

32. 余一人其流辟於裔土

【按】許本「土」作「圡」,活字本作「圡」,並皆「土」字之俗,《隸辨》以爲加點以與「士」字相區別,說可從。許本不從《說文》作「土」,而作「圡」,亦自亂其例。

黃刊明道本及其覆刻本「辟」下有空格,「於」上有「旅」字,寶善堂本等翻刻、重印本不空格。汪中(1745～1794)《校譌》云:「『辟』下宋空一格,『於』上有『旅』字,並誤。」〔註20〕汪遠孫《攷異》云:「『辟』下空格,公序本不空,無『旅』字。」〔註21〕張以仁《斠證》云:「金、秦、董本不空,無『旅』字。日、時、崇本則空格,有『旅』字。韋發注於下文『何辟之有與』下,此空格蓋舊有音讀。韋解云:『流,放也。言將辟於荒裔,何復陳辭之有也。』似韋本原無『旅』字也。又『於』,董本作『于』。」〔註22〕《妙絕古今》卷一、《文章正宗》卷一引無「旅」字,基本古籍庫中所收古籍

〔註17〕 (漢)許慎:《說文解字》,頁112下、頁219下。(清)朱珔:《說文假借義證》,上海古籍出版社2002年輯印《續修四庫全書》第215冊,頁190上。
〔註18〕 (宋)陳彭年等:《宋本玉篇》,頁190。
〔註19〕 (日)秦鼎:《春秋外傳國語定本》卷二,本卷頁6。
〔註20〕 (清)汪中:《國語校譌》,見載於氏著《經義知新記》,上海:商務印書館1937年版,頁27。
〔註21〕 (清)汪遠孫:《國語明道本攷異》,頁275。
〔註22〕 張以仁:《國語斠證》,頁7。

引亦皆無「旅」字。活字本無「旅」字，也不空格，或根據公序本而改。汪中、張以仁「韋本原無『旅』字」之說可爲信論。韋氏釋「流」爲「放」，未釋「辟」字。李波《國語索引》統計《國語》「辟」字 16 見，可以總結爲如下幾個義項：（1）法；（2）流，去；（3）君；（4）開。本處「辟」與「流」義近。

33. 叔父其茂昭明德

【按】遞修本、丁跋本、張一鯤本、《國語評苑》、吳勉學本、閔齊伋本、二乙堂本、薈要本、文淵閣本、文津閣本、道春點本、千葉玄之本、董增齡本、秦鼎本、高木本「茂」作「茂」，詩禮堂本作「茂」。「茂」、「茂」亦「茂」字之俗，如同「鉞」爲「鉞」字之俗一樣。拙稿《〈國語補音〉異文研究》於此多有辨析，可參。相關原理已在拙稿《唐宋類書引〈國語〉研究》結語中論及，此處不贅。活字本、黃刊明道本及其覆刻本作「懋」，「茂」、「懋」音同可通。「茂」、「懋」的不同也是《國語》公序本與明道本的區別特徵之一。

34. 【注】蔑猶滅也

【按】童本「猶」誤作「酒」。

35. 【注】乃蠻夷之國主於是

【按】遞修本、活字本、許本、薈要本、文淵閣本、文津閣本、黃刊明道本及其覆刻本、董增齡本、秦鼎本「國」作「行」，「乃」作「爲」，「主」作「王」。秦鼎謂：「舊本『爲』作『乃』，『行』作『國』，『王』作『主』。今皆從明本。然此註不與本文合。」〔註 23〕遞修本、活字本、黃刊明道本等註文更合文義。

又《鈔評》「乃」誤作「及」，「主」誤作「生」。

36. 故臣承命

【按】遞修本、活字本、許本、黃刊明道本及其覆刻本、董增齡本、秦鼎本、寶善堂本「臣」作「未」。劉台拱（1751～1805）《補校》引江聲（1721

〔註 23〕（日）秦鼎：《春秋外傳國語定本》卷二，本卷頁 7。

～1799）曰：「一本作『故不承命』。」〔註 24〕秦鼎謂：「『故未』，舊作『故臣』，字之誤也，今從明本。《晉語》作『陽人未狎君德，而未敢承命』，《晉史乘》引此傳亦作『故未承命』。」〔註 25〕因承上文「未狎君政」，此處既承上文，故以作「未」字爲是，秦鼎之說可從。

37. 【注】將見慢黷而頓弊也

【按】遞修本、丁跋本、許本、李克家本「弊」作「獘」，「弊」、「獘」字同，詳見上。

活字本、黃刊明道本及其覆刻本無「而」字，審《國語》正文作「無乃玩而頓乎」，則注文當以有「而」字爲是。

又李克家本、《鈔評》「也」字作「之」，亦通，然未如「也」字更符合注文語氣。

38. 【注】晉文公討不伏

【按】活字本、許本、黃刊明道本及其覆刻本、薈要本、文淵閣本、文津閣本、董增齡本、秦鼎本「伏」作「服」。千葉玄之云：「『不伏』之『伏』，一作『服』，是也。」〔註 26〕秦鼎云：「『不伏』，舊作『不服』，今從陳、明二本。」〔註 27〕審二乙堂刻陳仁錫（1581～1636）、鍾惺（1574～1624）評本字作「伏」，秦鼎此處所謂陳本不知何所謂，或指陳臥子本，亦或指二乙堂本，因未見陳臥子本，不敢遽爲結論。「伏」、「服」二字音同可通，皆是。唐釋慧琳《一切經音義》卷三「折伏」引《考聲》云：「伏，屈伏也，從也。」〔註 28〕

39. 【注】晉會于溫……歸之于京師……

【按】此處二「于」字，許本未易作「亏」。張一鯤本、《國語評苑》、道春點本、千葉玄之本、綠蔭堂本、秦鼎本「于」作「於」。

〔註 24〕 （清）劉台拱：《國語補校》，上海書店 1988 年影印《清經解續編》卷二百八，頁 984 下。

〔註 25〕 （日）秦鼎：《春秋外傳國語定本》卷二，本卷頁 7。

〔註 26〕 （日）千葉玄之校刻：《韋注國語》卷二，本卷頁 10。

〔註 27〕 （日）秦鼎：《春秋外傳國語定本》卷二，本卷頁 8。

〔註 28〕 （唐）釋慧琳：《一切經音義》，上海古籍出版社 1983 年影獅谷白蓮社本，頁 118。

40. 余何私於衛庚

【按】童本、吳勉學本、《鈔評》、二乙堂本、薈要本、文淵閣本、秦鼎本等「衛」作「衛」。

又《鈔評》「私」作「私」。蔡信發云：「『私』從禾從厶，而此字於『厶』上多增一『丿』，恐是書家求其美觀變化而加之也，以其通行既廣且久，故字書乃以為『俗』也，則其為『私』之異體可從。」〔註29〕蔡說可從。

41. 寡謀自陷

【按】遞修本、活字本、許本、張一鯤本、《國語評苑》、吳勉學本、二乙堂本、道春點本、千葉玄之校本、秦鼎本、高木本「陷」作「陷」，《鈔評》作「陷」，「臽」與「舀」、「臼」與「旧」皆形近易混作，故以「臽」、「舀」等為構件之字得為異體字。辨詳見拙著《〈國語補音〉異文研究》。

42. 晉庚使隨會聘于周

【按】此處「于」字，許本未改作「亏」。張一鯤本、二乙堂本、閔齊伋本、《國語評苑》、吳勉學本、道春點本、千葉玄之本、綠蔭堂本、秦鼎本、高木本「于」作「於」。

《鈔評》「晉」作「晉」。《國語》各本中「晉」、「晉」錯出者多見，《評苑》「晉」、「晉」、「晋」錯出。

43. 【注】成公之子景公獳也

【按】許本、《鈔評》、千葉玄之校本「獳」作「孺」。千葉玄之謂：「景公孺之孺當從犬。」〔註30〕黃刊明道本及其覆刻本作「㚷」，蔡信發云：「『㝃』字始見《龍龕手鑑・而部》，以為『需』之俗字，《字彙・而部》亦云：『同需。』此恐是『雨』與『而』形近而誤也，故《集韻・平聲・虞韻》已辨其非曰：『俗作㝃，非是。』《正字通・而部》從之曰：『舊註同需。按《六書統》：㝃，連繫也，從二而。而，㝃囚也。㝃者，眾而連繫之也。人之切。據此說，㝃與需音義別。』以『㝃』為『需』之異體，乃因形近而混二字為一，

於字書有據，故可收。」〔註31〕則可知黃刊明道本「㺃」字爲「獢」之俗體，寶善堂本、《補正》、《四部備要》本、《詳注》並從作「㺃」。汪遠孫《攷異》已揭出公序本、明道本「獢」、「㺃」之異，《詳注》云：「『㺃』或作『獢』，《史記》作『據』。」〔註32〕注《史記》者亦引《左傳》「獢」字以明其異，然也未能言其所以。梁玉繩謂有以「據」、「獢」爲二名者，王叔岷謂：「『據』俗書作『攄』，故『獢』誤爲『攄』，恐非二名也。」〔註33〕王氏之說甚合。當然也恐《史記》「據」字爲「獴」字之誤，「扌」、「犭」形近易混作。其中可能也還存在方音的問題。

44. 【注】頃王之子定王揄也

【按】許本、活字本、明道本及其覆刻本「揄」作「榆」，「扌」、「木」字形相近易混。江永《禮書綱目》卷七引字作「榆」，或即引據許本。《補音》云：「揄，音渝。本或爲『渝』。補音：以朱反。今按《史記》周定王名『瑜』，《古今人表》作『榆』，从木。人間眾本又或作『揄』。然此數字皆點畫相亂，不可質正。但《舊音》從此『榆』，音『渝』，疑近其眞。」〔註34〕拙稿《〈國語補音〉異文研究》有詳辨，可參。

45. 品其百籩

【按】活字本、《百家類纂》本、童本、《鈔評》、文淵閣本、道春點本、千葉玄之本、秦鼎本、高木本「籩」作「籩」，「籩」爲「籩」字之俗。

46. 陳其鼐俎

【按】遞修本、活字本、許本、童本、吳勉學本、閔齊伋本、詩禮堂本、薈要本、文淵閣本、文津閣本、董增齡本、綠蔭堂本「鼐」作「鼎」，《百家類纂》本、張一鯤本、《國語評苑》、二乙堂本、道春點本、千葉玄之本、秦鼎本、高木本作「鼐」，與金李本同。明焦竑（1540～1620）《俗書刊誤》云：「鼎，

〔註31〕蔡信發：「需」字研訂說明，《異體字字典》在線版，http://dict2.variants.moe.edu.tw/variants/。

〔註32〕沈鎔：《國語詳注》，本卷頁5。

〔註33〕王叔岷：《史記斠證》，頁1483。

〔註34〕（宋）宋庠：《國語補音》卷一，北京：國家圖書館出版社2006年影宋刻宋元遞修本，本卷頁17。

一作鼏。」〔註35〕是「鼏」、「鼎」同字。

47. 靜其巾羃

【按】許本「靜」作「瀞」，活字本、黃刊明道本及其覆刻本作「淨」。韋注云：「靜，潔也。」《說文·水部》：「瀞，無垢薉也。」段注云：「瀞，此今之淨也。古瀞今淨，是之謂古今字。」〔註36〕蓋此處「靜」字相當於「潔淨」之「淨」，故許本用「瀞」字，當從表意以及遵從《說文》角度考慮。

48. 候不在疆（候候人也掌送迎賓客者疆境也）

【按】此處「境」字許本仍作「境」，「疆」則作「畺」，「畺」為「疆」之聲符字。《說文·畕部》：「畺，界也。从畕，三，其界畫也。疆，畺或从彊、土。」〔註37〕清江聲（1721～1799）《尚書集注音疏》引《國語》字作「畺」，或即據許本為書。又《鈔評》「疆」作「疆」。「疆」為「疆」字之俗。

《國語評苑》、詩禮堂本、道春點本、千葉玄之本「候」誤作「侯」，千葉玄之云：「華本『侯不』之『侯』作『候』，注同，是也。」〔註38〕說甚當。

又活字本、黃刊明道本及其覆刻本、寶善堂本等「人」後無「也」字。

又鄭良樹《國語校證》謂《周禮·司關》疏引「在」作「出」，《攷異》引從之。沈廷芳《十三經注疏正字》已揭出《司關》疏引文與《國語》本文之異。張以仁《國語斠證》亦予揭出。「疆」既為國界，使者至，當在疆迎，不當出疆，《司關》疏「出」字當為「在」字之誤。

49. 墾田若蓺

【按】許本「蓺」作「埶」，遞修本、《百家類纂》本、《鈔評》、閔齊伋本、薈要本、文淵閣本、黃刊明道本及其覆刻本、董增齡本作「蓺」，二乙堂本作「萩」。拙著《〈國語補音〉異文研究》於此有詳辨，可參，此處不贅。

〔註35〕　（明）焦竑：《俗書刊誤》，《景印文淵閣四庫全書》第 228 冊，頁 551 上。
〔註36〕　（清）段玉裁：《說文解字注》，頁 560 下。
〔註37〕　（漢）許慎：《說文解字》，頁 291 下。
〔註38〕　（日）千葉玄之校刻：《韋注國語》卷二，本卷頁 14。

50. 【注】辰角大辰倉龍之角

【按】活字本、許本、閔齊伋本、薈要本、黃刊明道本及其覆刻本、董增齡本、秦鼎本「倉」作「蒼」，「倉」、「蒼」音同可通。《禮記・月令》疏、《冊府元龜》卷二五四、宋衛湜《禮記集說》卷四四、《文章正宗》卷四、《儀禮經傳通解》卷二二引注字亦作「蒼」。今檢索中國基本古籍庫，「倉龍」405見，「蒼龍」9080見，以「蒼龍」爲最常見。又傳世文獻「辰角」註中，亦以字作「蒼龍」者爲多。

51. 【注】朝見東方建戍之初

【按】活字本、許本「戍」作「戌」，是。「戍」、「戌」形近，易混誤。審《國語》各本之中，遞修本、閔齊伋本、《國語評苑》、《鈔評》、道春點本、千葉玄之校本皆誤作「戍」。當然「戍」、「戌」二字各有其固定的出現語境且不會產生重合，故而字雖相混而語義並不因此而誤。

52. 立鄙食以守路

【按】丁跋本「鄙」作「鄙」，注同。

53. 【注】皆墾辟也奧深也

【按】丁跋本「辟」作「闢」，童本「深」作「㴱」，「辟」、「闢」古今字，「㴱」、「深」異體字。漢字中有一批字以「八」作構件者，很多字中的「八」可以寫作「丶丿」，「深」之作「㴱」也屬於這類情況。拙著《《國語補音》異文研究》對此類字有詳辨，可參。

54. 曰敵國賓至

【按】《百家類纂》本、吳勉學本、道春點本、童本「敵」作「敵」。

55. 【注】即陳公子夏之子靈公之從祖父

【按】丁跋本「靈」誤作「林」。

56. 【注】簡略也

【按】活字本、丁跋本、張一鯤本、《國語評苑》、道春點本、千葉玄之校本、薈要本、文淵閣本、文津閣本、秦鼎本、高木本「略」作「畧」。

又《國語評苑》、薈要本、黃刊明道本及其覆刻本無「也」字。

57. 居大國之間

【按】許本「居」字亦有作「凥」者。《說文‧几部》：「凥，處也。」「居，蹲也。」段玉裁云：「凡今人『居處』字，古袛作『凥處』。」〔註39〕季旭昇《說文新證》有更爲詳盡說明〔註40〕，可參。許本此處亦用古字。

又吳勉學本「間」作「閒」。

58. 【注】公謂行父曰徵舒似汝對曰亦似君

【按】許本「似汝」之「汝」率作「女」。《小爾雅‧廣詁》云：「而、乃、爾、若，汝也。」宋翔鳳（1779～1860）云：「此『汝』正作『女』。從水作『汝』者水名，經典假借字。」胡承珙（1776～1832）云：「汝本作『女』，而、乃、爾、若四字不獨訓『汝』，字亦皆通作『女』。」〔註41〕向熹云：「『汝』與『女』音義並同，是同詞異字。」「在先秦典籍裏，金文、《詩經》、《論語》、《左傳》用『女』，《尚書》用『汝』，《孟子》、《荀子》、《莊子》兩字並出。漢以後一般用『汝』不用『女』。大約因爲婦女的『女』是常用詞，爲求區別，故借用汝水的『汝』來代替，一直沿用到中古以後。」〔註42〕是許本用「女」字理據。

丁跋本「亦似」之「似」誤作「以」。

59. 【注】孟文伯歜之子仲孫蔑也儉居處節儉也

【按】許本「節儉也」作「儉節」，亦通，今詞以「節儉」爲常見。惠批：「『歜』，當作『穀』。」此當據《左傳》爲說。方以智（1611～1671）《通雅》謂「伯歜」、「伯穀」屬於異載而實名同者。

60. 【注】故不歡說而復遣之

【按】遞修本、許本、薈要本、文淵閣本、文津閣本、秦鼎本、高木本「復」作「後」，《冊府元龜》卷七九五引注字亦作「後」。活字本、黃刊明道

〔註39〕（漢）許慎：《說文解字》，頁 299 下、頁 164 下。（清）段玉裁：《說文解字注》，頁 715 下。
〔註40〕季旭昇：《說文新證》（下冊），臺北：藝文印書館 2004 年版，頁 249～251。
〔註41〕遲鐸：《小爾雅集釋》，北京：中華書局 2008 年版，頁 57。
〔註42〕向熹：《簡明漢語史》（下冊），北京：高等教育出版社 1993 年版，頁 52。

本及其覆刻本、寶善堂本等作「故不歡悅而後遣之」。秦鼎謂：「『而後』，舊作『而復』，今從明本。」又秦鼎謂：「遣之，謂使至於周也。」〔註43〕就本文語境而言，「不歡悅」是對待態度，「遣之」是進一步的處置結果或者行爲，二者之間恐非強調先後順序，而是強調進一步行爲，故「復」字勝於「後」字。當然，如果從正文「而後遣之」而言，「而後」亦是。要之，之所以發生「復」、「後」混亂現象，還在於「復」、「後」二字字形較相近。拙撰《〈國語〉動詞管窺》、《俞著〈國語韋昭注辨正〉獻疑》於「復」、「後」混同現象有辨析〔註44〕，可參。又「說」通作「悅」。

61. 獸惡其網

【按】許本「網」作「网」。「网」爲古字，「網」爲形聲字。《正字通·网部》云：「网，網本字。」〔註45〕

62. 詩曰愷悌君子

【按】許本「愷悌」作「豈弟」。審《春秋臣傳》卷一二、明賀復徵《文章辨體彙選》卷六〇、明唐順之（1507～1560）《文編》卷二一引《國語》字亦作「豈弟」，可見宋明人引《國語》字亦有作「豈弟」者。則字作「豈弟」者恐非僅許本一種。「豈弟」、「愷悌」爲連綿詞的不同寫法，還寫作「愷弟」、「凱弟」、「凱悌」、「凱易」、「凱澤」、「闓懌」、「闓澤」、「闓圉」等。審《詩》本文字作「豈弟」，許本當因此而改。

63. 在禮敵必三讓（敵禮敵也）

【按】童本「敵也」之「敵」作「敵」。

64. 軍帥彊禦三也

【按】童本「彊」作「彊」，吳勉學本作「疆」。「彊」、「彊」異體字，「疆」、「彊」可通。詳見拙著《〈國語補音〉異文研究》。

〔註43〕（日）秦鼎：《春秋外傳國語定本》卷二，本卷頁17。

〔註44〕拙稿《〈國語〉動詞管窺》，成都：四川大學出版社2008年版，頁213。拙稿：《俞著〈國語韋昭注辨正〉獻疑》，《古籍整理研究學刊》2010年第5期，頁76～83。

〔註45〕（明）張自烈撰，（清）廖文英續：《正字通》，《續修四庫全書》第235冊，頁237下。

65. 【注】欒欒書也范士燮也

　　【按】許本、薈要本、文淵閣本、文津閣本、董增齡本、寶善堂本、秦鼎本、高木本、《叢書集成初編》本、《補正》、《集解》「燮」作「爕」。《說文·又部》：「爕，和也。从言，从又、炎。」〔註 46〕「燮」則爲「爕」俗字，宋元以來多見。

　　又千葉玄之校本「士」誤作「上」。

66. 【注】在魯襄公十年

　　【按】童本「襄」作「襄」。

〔註 46〕（漢）許慎：《說文解字》，頁 64 上。

周語下第三

1. ……魯成公見言及晉難及郤犨之譖（魯成……）

【按】金李本本行多一字，童本與許本皆爲二十字，故「魯成」二字注文移至下行。審許宗魯本錯行分兩種情況：（1）金李本本行字數爲 21 字者，許宗魯本本行則爲 20 字，以下各行仍爲 20 字；（2）金李本本行爲 21 字者，許宗魯本本行爲 20 字，下行仍爲 21 字。

又《鈔評》「譖」作「譛」，《干祿字書‧去聲》云：「譛譖，上俗下正。」〔註1〕「夫」、「无」形近易混同。

2. 【注】太史掌抱天時

【按】許本「太」作「大」。審孫詒讓《周禮正義》卷五一引韋注作「大史」，以膺《周禮‧春官》「大史」之名。

3. 夫合諸侯國之大事

【按】黃刊明道本及其覆刻本、寶善堂本、《補正》、《詳注》、《四部備要》本、《叢書集成初編》本「國」作「民」，包括活字本在內的其他《國語》各本字皆作「國」。惠批：「民，《漢書》、宋本同。」柳宗元《非國語》、《漢書‧五行志》、《新書‧禮容語下》多本、《冊府元龜》卷七九五、《文章正宗》卷六、《讀書記》卷一九、《通志》卷八九亦作「民」字。「民」實「或」字譌文，「或」即「國」本字。拙稿《〈國語‧周語下〉、〈新書‧禮容語下〉比勘》有

〔註1〕 施安昌編：《顏眞卿書干祿字書》，頁 56。

詳說〔註2〕，可參。

4. 步言視聽必皆无謫

【按】許本「步」誤作「交」，遞修本、許本「无」作「无」，張一鯤本、《國語評苑》、《鈔評》、吳勉學本、二乙堂本、閔齊伋本、詩禮堂本、薈要本、薈要本、文津閣本、道春點本、千葉玄之本、童本、董增齡本、綠蔭堂本、秦鼎本、高木本「无」作「無」。《說文・旡部》：「旡，歙食气屰不得息曰旡。」《說文・亡部》：「无，奇字无。」〔註3〕則「无」、「旡」二字本不同。金李本此處譌作者，以「旡」較少見，且「无」、「旡」形近易混，故混用。

又張一鯤本、吳勉學本、詩禮堂本、道春點本、千葉玄之本、綠蔭堂本「謫」字作「謫」。

5. 視遠日絕其義

【按】惠批：「《漢書》『日』作『曰』，下同。」俞樾云：「四『日』字均當作『曰』。」〔註4〕徐元誥《集解》則以「惠、俞說是」〔註5〕，並改「日」作「曰」。徐氏改誤，正實當作「日」。張以仁《國語斠證》云：「韋注云：『言日日絕其宜也。』蓋謂日益絕其宜也，其義較『曰』爲長。疑《漢書》乃『日』字之誤。」〔註6〕張說是。拙稿《〈國語・周語下〉、〈新書・禮容語下〉比勘》有詳辨，可參。

6. 【注】鄰於不修與不修德者

【按】活字本、丁跋本「修」作「脩」，活字本正文字亦作「脩」。

7. 故天胙之

【按】許本脫「天」字。活字本、黃刊明道本及其覆刻本「胙」作「祚」，

〔註2〕 拙稿《〈國語・周語下〉、〈新書・禮容語下〉比勘》，部分條目以《〈國語〉〈漢書〉〈新書〉比勘三則》爲題刊於《文津學誌》第4輯，頁46～53。部分篇章以《〈叔向說〈昊天有成命〉〉〈國語〉、〈新書〉比勘》爲題刊於《先秦兩漢學術》第18期，頁1～40。全文附於拙著《〈國語補音〉異文研究》之後，頁477～607。

〔註3〕 （漢）許慎：《說文解字》，頁181上、頁267下。

〔註4〕 （清）俞樾：《羣經平議》卷二八，《續修四庫全書》第178冊，頁460上。

〔註5〕 徐元誥撰，王樹民、沈長雲點校：《國語集解》（修訂本），頁84。

〔註6〕 張以仁：《國語斠證》，頁57。

「胙」、「祚」音同可通。《冊府元龜》卷七九五、《通志》卷八九、《經濟類編》卷四、《繹史》卷六四引字作「祚」，《春秋臣傳》卷一二、《詩毛氏傳疏》卷二七、《駢字類編》卷二、《子史精華》卷八七、《佩文韻府》卷一二引字作「胙」。從正字角度考慮，當以作「祚」爲合。拙稿《俞著〈國語韋昭注辨正〉獻疑》於「胙」、「祚」二字有詳辨，可參。

8. 以天下夫子被之矣（質文其質性有文德也被被服）

【按】因爲許本脫「天」字，而本行復多一字，故金李本下行首字注文「之也」移置於本行最末。

9. 【注】端懿故信

【按】遞修本、活字本、張一鯤本、《鈔評》、二乙堂本、詩禮堂本、薈要本、文淵閣本、文津閣本、道春點本、千葉玄之本、童本、綠蔭堂本、董增齡本、秦鼎本、高木本「懿」作「愨」。「懿」當爲「愨」異體字，《異體字字典》失收，當補。可見，金李本亦多俗字別體，雖然整體上保有宋本特徵，但在具體文字上也受到時代影響。

10. 【注】被服文德

【按】許本作「神之文德」，不辭，當係誤刻。

11. 【注】乾下變爲坤

【按】丁跋本「下」字誤作「不」。

12. 且吾聞之成公之生也

【按】許本「聞之」之「之」作「晉」，亦通，然不與《國語》他本相合，當從他本作「之」。蓋「聞之」爲常見組合。若作「晉」字，則爲「成公」限定詞。審《子史精華》卷一一四引「聞之」之「之」作「晉」，或即據許本。活字本、黃刊明道本及其覆刻本、寶善堂本等無「聞之」之「之」字，亦通，《通志》卷八九引即與活字本、黃刊明道本同。拙著《〈國語〉動詞管窺》對於「聞之」、「聞」頗多辨析〔註7〕，可參。

〔註7〕 拙著《〈國語〉動詞管窺》，頁225。

13. 朕夢協于朕卜

【按】活字本、童本、《國語評苑》、吳勉學本、道春點本「協」作「協」。

又活字本、黃刊明道本及其覆刻本、董增齡本無「于」字，審《左傳·昭公七年》杜注、《尙書正義》、《皇王大紀》、《春秋分紀》、《通鑒前編》、《玉海》、《通志》引無「于」字，而《太平御覽》、《經濟類編》、《春秋經傳集解攷正》引則有「于」字，又《冊府元龜》卷二三六、卷八九二引無「于」字而卷七九五引則有「于」字。有無「于」字無礙於文義，當然句法分析上會有不同。又道春點本「于」字誤作「丆」。

14. 戎商必克

【按】童本「商」作「啇」。

15. 【注】防鄣也流曰川

【按】活字本、丁跋本、黃刊明道本及其覆刻本、薈要本、文淵閣本、文津閣本、董增齡本「鄣」作「障」。「鄣」、「障」義本不同，然二字讀音、構件皆同，故可通作，往往以爲異體字。詳見前文。

16. 夫山土之聚也

【按】金李本凡以「取」爲構件者，「取」率作「耴」。《國語》他本則多作「聚」。

17. 夫天地成而聚於高

【按】童本「聚」作「聚」，活字本作「聚」，「口」、「㇀」皆「又」字之形變。

18. 陂唐污庳以鍾其美（畜水曰陂唐提也美謂滋潤）

【按】活字本、黃刊明道本及其覆刻本、寶善堂本、《補正》、《詳注》、《四部備要》本、《叢書集成初編》本「污」作「汙」。「污」、「汙」同字，辨詳見拙稿《〈國語·周語下〉〈新書·禮容語下〉比勘》。

活字本、許本、黃刊明道本及其覆刻本、寶善堂本、《補正》、《四部備要》本、《集解》、《叢書集成初編》本「唐」作「塘」。《補音》謂「俗本作塘」，閔齊伋注錄《補音》之說以爲說。《說文·口部》：「唐，大言也。」《阜

部》：「隄，唐也。」《新附考・土部》云：「塘，隄也。」〔註8〕段注云：「唐，引伸爲大也。如說《尚書》者云：『唐之爲言蕩蕩也，見《論衡》。』又爲空也，如梵書云『福不唐捐』。凡『陂塘』字，古皆作『唐』，取虛而多受之意。」〔註9〕按照段玉裁的觀點，「唐」用作蓄水之義實「唐」字「大言」之義的引申。又《爾雅・釋宮》云：「廟中路謂之唐。」郝懿行《義疏》云：「唐，又爲蓄水之名，俗加土作『塘』。」〔註10〕許本作「塘」字者，則未能循其用古字之例。張以仁云：「疑作『塘』者後人改。」〔註11〕假如從恢復文本的角度考慮，則字作「唐」合。

遞修本、許本、《鈔評》、二乙堂本、董增齡本、上古本「提」作「隄」。「提」恐「堤」字之誤，因「扌」、「土」亦形近易混。審活字本、《國語評苑》、薈要本、文淵閣本、文津閣本、道春點本、千葉玄之校本、秦鼎本、高木本、《詳注》字即作「堤」，可以爲證。「堤」、「隄」字同。黃刊明道本及其覆刻本、寶善堂本、《補正》、《集解》、《四部備要》本、《叢書集成初編》本無「堤」字。汪遠孫《攷異》謂明道本脫「隄」字，是上古本據《攷異》、從公序本增「隄」字。

19. 【注】大曰崩小曰阤

【按】許本「阤」作「陀」，「它」、「也」本同字，故「阤」、「陀」因此可混用，《慧琳音義》卷九九「隤陀」注引《國語》賈逵注云：「山崩曰陀。」引《說文》作「從阜它，它亦聲」〔註12〕，即其證。今本《說文》實字作「阤」。寶善堂本正文「阤」作「𨹄」，「𨹄」爲「阤」字別體，《集韻》見收。崇文書局本、博古齋本「阤」誤作「也」。

20. 【注】沈伏也滯積也越遠也

【按】丁跋本「遠」誤作「連」。

〔註8〕 （漢）許慎：《說文解字》，頁33上、頁305下、頁290上。
〔註9〕 （清）段玉裁：《說文解字注》，頁58下。
〔註10〕 （清）郝懿行：《爾雅義疏》，上海古籍出版社1983年影郝氏家刻本，頁651。
〔註11〕 張以仁：《國語斠證》，頁101。
〔註12〕 （唐）釋慧琳：《一切經音義》，上海古籍出版社1983年影師谷蓮花社本，頁3693。

21. 然則無夭昏札瘥之憂而無飢寒

【按】許本、張一鯤本、《國語評苑》、吳勉學本、二乙堂本、閔齊伋本、道春點本、千葉玄之校本、董增齡本、綠蔭堂本「飢」作「饑」，正當作「飢」，「饑」字誤。然二字音同，且「幾」、「几」亦多不分，故常混用。

又韋注謂：「短折曰夭，疫死曰札。」王念孫（1744～1832）云：「昏之言泯沒也。」〔註13〕高木熊三郎謂：「童死曰夭昏，壯死曰札瘥。」〔註14〕故訓中多以「札」、「瘥」爲疫死，高木氏以「壯死」釋二者，恐未盡妥當。《左傳·昭公十九年》：「鄭國不天，寡君之二三臣札瘥夭昏。」義與《周語下》本處同。蓋統言之，「夭」、「昏」、「札」、「瘥」皆死義；析言者，則有年歲、死因等語義上的不同。

22. 【注】安得為堯諸矦又堯時共工與此異也

【按】丁跋本「安」作「豈」，許本「也」字作「矣」。丁跋本「豈」字亦通，然與其他各本不同，當從《國語》多本作「安」。許本「矣」字亦可通，然未如「也」字更能增判定語氣，當從《國語》多本作「也」。

23. 淫失其身

【按】凡「淫」字，許本多作「滛」。拙著《〈國語補音〉異文研究》於此有辨析，可參。

又「失」，明陳桱《通鑑續編》卷一、清葉澐《綱鑑會編》卷一下字作「佚」，明陳絳《金罍子》中篇、明沈朝陽《通鑑紀事本末前編》卷一、清計大受《史林測義》卷一、清鄭方坤《經稗》卷三作「泆」，明馮琦《經濟類編》卷七七引作「逸」。王念孫云：「逸、佚、軼、失竝通。」〔註15〕是《國語》「失」字當讀作「泆」，徐元誥《集解》即引惠棟曰：「失，讀爲『泆』。」〔註16〕沈鎔《詳注》云：「失，讀爲『佚』。」〔註17〕王煦云：「《說文》：『失，縱也。』《穀梁·莊二十一年》『肆大眚』傳以『失』爲『佚』字，《漢書·王

〔註13〕 （清）王引之：《經義述聞》，頁 485 下。
〔註14〕 （日）高木熊三郎：《標注國語定本》，本卷頁 7。
〔註15〕 （清）王念孫著，鍾宇訊點校：《廣雅疏證》，北京：中華書局 1983 年版，頁 67 上。
〔註16〕 徐元誥撰，王樹民、沈長雲點校：《國語集解》（修訂本），頁 94。
〔註17〕 沈鎔：《國語詳注》卷三，本卷頁 3。

莽傳》引《書》曰：『過失前人光。』《莊子・養生主》『秦失』《釋文》云：『本又作佚。』各以字讀，亦皆音『逸』。」〔註18〕是「失」當從「泆（佚、逸）」得音、義。

24. 墮高堙庳

【按】許本「堙」作「堲」，「堲」實即「堲」字。《說文・土部》：「堲，塞也。从土㘴聲。」〔註19〕張有（1054～？）《復古編》云：「俗別作堙、陻、垔。」段玉裁亦謂：「此字古書多作『堙』、作『陻』，眞字乃廢矣。」〔註20〕是許本作「堲」字之理據。

25. 【注】言共工後孫為四岳之官

【按】遞修本、活字本、許本、張一鯤本、《國語評苑》、二乙堂本、道春點本、董增齡本等各本「後孫」皆作「從孫」，是金李本、《叢刊》本字誤。

26. 【注】燀焱起皃

【按】活字本、丁跋本、張一鯤本、《國語評苑》、二乙堂本、薈要本、道春點本、千葉玄之校本、秦鼎本、董增齡本、黃刊明道本及其覆刻本、高木本、寶善堂本等「皃」作「貌」。「皃」、「貌」古今字。

又活字本、許宗魯本、黃刊明道本及其覆刻本、董增齡本、秦鼎、高木本、寶善堂本等「焱」作「焱」，《國語評苑》、二乙堂本、閔齊伋本作「焱」。《札記》云：「『焱』字從三火。《說文》云：『火華也。』公序本作從三犬，誤。」〔註21〕汪遠孫《攷異》謂：「《文選》注引作『炎』。案『炎』是也。『炎』誤作『焱』，『焱』又誤作『焱』。」〔註22〕字作「焱」、「焱」者當為形近而誤，段玉裁云：「古書『焱』與『焱』二字多互譌。」〔註23〕則韋注本文以作「焱」為是。

〔註18〕 （清）王煦：《國語釋文》卷一，本卷頁23。
〔註19〕 （漢）許愼：《說文解字》，頁288下。
〔註20〕 （宋）張有：《復古編》，臺北：臺灣商務印書館1986年版《景印文淵閣四庫全書》第225冊，頁686上。（清）段玉裁：《說文解字注》，頁691上。
〔註21〕 （清）黃丕烈：《校刊明道本韋氏解國語札記》，頁246。
〔註22〕 （清）汪遠孫：《國語明道本攷異》，頁280。
〔註23〕 （清）段玉裁：《說文解字注》，頁490下。

27. 克厭帝心

【按】許本「厭」作「猒」，凡「厭」，許本率作「猒」。辨詳見前文。《四部叢刊》影宋本《太平御覽》卷七二、《四部叢刊》影明萬曆刻本洪适《隸釋》卷一一所收《劉寬後碑》、《四部叢刊》收宋小字本《唐文粹》卷二二張說《大唐開元十三年隴右監牧頌德之碑》、《四部叢刊》收影宋本《古文苑》卷一三《印衣銘》皆作「克猒帝心」。

28. 謂其能以嘉祉殷冨生物也

【按】丁跋本、許本、張一鯤本及其覆刻本、吳勉學本、二乙堂本、詩禮堂本、薈要本、文淵閣本、文津閣本、千葉玄之本、黃刊明道本及其覆刻本、董增齡本、秦鼎本、高木本、寶善堂本「冨」作「富」。「冨」爲「富」字之俗。

又活字本、道春點本「祉」誤作「祉」，詩禮堂本「祉」誤作「社」。

29. 故亡其氏姓踣獘不振

【按】活字本、許本、黃刊明道本及其覆刻本、薈要本、文淵閣本、文津閣本「獘」作「斃」，張一鯤本、二乙堂本、《國語評苑》、吳勉學本、道春點本、千葉玄之校本、董增齡本、秦鼎本、高木本作「弊」。「弊」、「獘」字同，「弊」、「斃」音同可通，《補音》云：「或本作『斃』，古字通。」〔註24〕拙稿《〈國語·吳語〉韋昭、眞德秀注比較》於「弊」、「獘」等字有詳細辨析〔註25〕，可參。

30. 堙替隸圉

【按】許本「圉」作「圄」，下皆同。《說文·口部》：「圄，守之也。」《㚔部》：「圉，囹圄，所以拘罪人。」〔註26〕韋注云：「圉，養馬者。」許本或以此改「圉」爲「圄」。從《說文》的解釋看，「圉」、「圄」二字實可通。故許本「圄」字亦是，唯不與《國語》各本同。

〔註24〕　（宋）宋庠：《國語補音》卷一，北京：國家圖書館出版社 2006 年影宋刻宋元遞修本，本卷頁 22。

〔註25〕　拙稿《〈國語·吳語〉韋昭、眞德秀注比較》，《逢甲人文社會學報》第 223 期，頁 1～27。

〔註26〕　（漢）許慎：《說文解字》，頁 129 下、頁 214 下。

31. 【注】以忠信之心代其慆淫也

【按】丁跋本「慆」作「㥉」，當為「慆」字之誤。

32. 【注】順四時之令而動也

【按】活字本、丁跋本、許本無「也」字，《冊府元龜》卷二六一引注亦無「也」字，無「也」字亦通。

33. 而滑夫二川之神

【按】丁跋本「二」作「三」，《國語》其他各本皆作「二」。審文淵閣本《皇王大紀》卷五三、文淵閣本《經濟類編》卷七七、萬曆刻本《歷代名臣奏疏》卷一引字作「三」。本章文首云「穀洛鬥」，則此處字當作「二」。「二」、「三」形近易混，故誤。

34. 使至於爭明以妨王宮【注】明精氣也

【按】丁跋本、道春點本、千葉玄之校本「氣」作「白」。惠批：「臣瓚曰：明水道也。師古曰：明謂神靈。」丁跋本等「白」字誤。千葉玄之云：「精白之白，華本作『氣』，恐是。」〔註27〕《國語評苑》上欄云：「明即異也，顯示災異，欲王知儆耳。精白非是。」〔註28〕則《國語評苑》之前即有作「精白」之本，丁跋本即是其中之一。秦鼎亦云：「明精氣也，舊作『精白』，今從明本。」〔註29〕俞樾認為「爭明」為古人常語，「明」即「盛」義，以韋注所釋為迂曲〔註30〕。俞說可從。秦鼎引《增注》云：「明謂二川之神靈也。妨，害也。是也。或云精氣解，後人多議之者。試問今註者遇如是字，得為如是解哉？古來相傳之說無疑。」〔註31〕亦可備一說。

35. 又曰佐雝者嘗焉（雝亨煎之官也）

【按】丁跋本眉批：「雝，或作饔。」此本《補音》之說。活字本、薈要本、文淵閣本、文津閣本字即作「饔」，黃刊明道本及其覆刻本字即作「雝」，

〔註27〕 （日）千葉玄之重校：《韋注國語》卷三，本卷頁12。
〔註28〕 （明）穆文熙：《國語評苑》卷二，本卷頁8。
〔註29〕 （日）秦鼎：《春秋外傳國語定本》卷三，本卷頁10。
〔註30〕 （清）俞樾：《羣經平議》，頁461～462。
〔註31〕 （日）秦鼎：《春秋外傳國語定本》卷三，本卷頁10。

「饗」、「饎」爲同構異位異體字。

又許本「官」字誤作「宜」，又忽略了「亨」字的改易。又活字本、《百家類纂》本、詩禮堂本、薈要本、文淵閣本、文津閣本、黃刊明道本及其覆刻本「亨」作「烹」，「亨」爲「烹」聲符字，「亨」、「烹」亦古今字。

又《百家類纂》本「煎」作「爨」，亦同於「煮」、「贅」之類。

又《國語評苑》、吳勉學本、道春點本、千葉玄之本、黃刊明道本及其覆刻本、秦鼎本、高木本「嘗」作「甞」。

36.【注】行兒鳥隼曰……

【按】活字本、丁跋本、張一鯤本、《國語評苑》、二乙堂本、薈要本、千葉玄之校本、黃刊明道本、崇文本、蜚英館本、博古齋本、寶善堂本、錦章書局本、會文堂本、掃葉山房本、董增齡本、秦鼎本、高木本、《四部備要》本、《補正》、《詳注》、《集解》「兒」作「貌」。

又二乙堂本「隼」誤作「準」，博古齋本「隼」誤作「集」。

37. 寧爲荼毒

【按】許本「寧」作「寍」，《國語評苑》作「寧」，董增齡本作「甯」，寶善堂本作「宴」，皆「寧」之異體字。

38.【注】脩省以銷

【按】遞修本、活字本、丁跋本、許本、黃刊明道本及其覆刻本「脩」作「循」，張一鯤本、二乙堂本、董增齡本、道春點本、千葉玄之校本、秦鼎本、高木本、薈要本、文淵閣本、文津閣本字作「修」。《札記》云：「當依別本作『脩』。丕烈案：循、脩洪文。惠曰：二字隸體只爭一畫，故羣書多相亂者。餘可以意求之。」〔註32〕「脩」、「循」互亂之事，王叔岷（1914～2008）《史記斠證》亦嘗論之，皆可爲備說。

又活字本、黃刊明道本及其覆刻本、寶善堂本等「銷」作「消」，審《歷代名臣奏議》卷二九八引字作「消」。《說文・金部》：「銷，鑠金也。」《水部》：「消，盡也。」〔註33〕桂馥（1736～1805）《說文義證》謂「銷」通作「消」，

〔註32〕（清）黃丕烈：《校刊明道本韋氏解國語札記》，頁246。
〔註33〕（漢）許慎：《說文解字》，頁294上、頁235上。

朱駿聲（1788～1858）《說文通訓定聲》謂「消」假借爲「銷」。「消」、「銷」二字皆從「肖」得聲，是音同義通。《大漢和辭典》、《中文大辭典》、《漢語大詞典》收「消災」詞條，無「銷災」。檢索中國基本古籍庫，「銷災」96 條記錄，「消災」1344 條記錄，以「消災」爲最常見。

39.【注】而甕飾之禍敗終將章箸

【按】遞修本、活字本、許本、張一鯤本、詩禮堂本、文淵閣本、文津閣本、寶善堂本、秦鼎本、高木本「箸」作「著」，「著」、「箸」混用，正實當作「著」。

活字本、《百家類纂》本、詩禮堂本「飾」作「餙」，「飾」、「餙」異體字。

又黃刊明道本及其覆刻本、寶善堂本等「而」作「以」，汪遠孫《攷異》謂：「以，公序本作『而』。」〔註34〕實活字本字亦作「而」，不知道是朝鮮經筵原藏本字作「而」，還是根據別本改字。假如經筵原藏底本作「而」的話，則恐黃刊明道本所據之原鈔本誤，當然也不排除另外一種情況，即據以鈔改明道本之詩禮堂本字本作「而」，匯鈔時未能改定，亦或李福寫刻時以詩禮堂本「而」字書之。就語義而言，此處「而」、「以」用同。

40.【注】以滅西周平不能修政……貪天禍禍敗至今未止

【按】丁跋本「西」誤作「死」，「周」作「幽」，「修」作「脩」，「今」誤作「於」。丁跋本字作「幽」者，或以正文有「厲宣幽平而貪天禍」之語，原注文無誤，丁跋本實誤改字。

又活字本、《國語評苑》、詩禮堂本「修」亦作「脩」。

又寶善堂本「平」誤作「乎」，黃刊明道本及其覆刻本「未止」後有「也」字助成陳述語氣。

41. 自后稷以來寧亂（寧安也堯時鴻水黎民阻飢稷播百穀民用乂安）

【按】許本「寧亂」作「民亂」，查其他文獻中無引作「民亂」者，許本「民亂」當爲「寧亂」之誤。

〔註34〕 （清）汪遠孫：《國語明道本攷異》，頁 280。

許本、張一鯤本、《國語評苑》、道春點本、千葉玄之校本、秦鼎本、高木本「飢」作「饑」。

活字本「來」作「来」。

活字本、黃刊明道本及其覆刻本「鴻」作「洪」。

又《國語評苑》作「寧」，董增齡本作「甯」，寶善堂本作「寍」。

42.【注】謂后稷不窋鞠陶公劉慶節皇僕差弗毀隃公非高圉亞圉……

【按】丁跋本、許本「隃」作「喻」，許本「圉」作「圄」。《舊音》云：「音『踰』，或作『愉』。」《補音》云：「本有作『僑楡』者，自《史記》、《漢書》皆作『毀隃』，差弗子名。惟《世本》作『僑楡』。兩通。」〔註35〕宋庠言「兩通者」是。記錄人名用字有時未必據本爲書，靠記憶書寫往往只求其音協同，字形未必固定，這也是傳世文獻中人物之名有多種寫法的重要原因所在。故「喻」字亦通，唯傳世文獻中無作「毀喻」者，或丁跋本、許本自爲之字。

惠批：「鞠陶，抄本鞠，及上劉等。」黃刊明道本及其覆刻本無「陶」字，或有脫文。

又黃刊明道本及其覆刻本「差」誤作「羌」。汪遠孫《攷異》已辨之。

43. 其何德之脩

【按】活字本、許本、張一鯤本、童本、吳勉學本、二乙堂本、閔齊伋本、文津閣本、道春點本、千葉玄之本、董增齡本、秦鼎本、高木本「脩」作「修」。

44. 中不龢民

【按】「龢」，童本多處作「龢」，「龠」字三「口」省寫作二「口」，三「口」亦有省寫作「吅」或「吅」者。審張一鯤本、吳勉學本、二乙堂本、詩禮堂本、文淵閣本、文津閣本、道春點本、千葉玄之本本處「龢」亦作「龢」，活字本、薈要本、黃刊明道本及其覆刻本字作「和」。

〔註35〕 （宋）宋庠：《國語補音》卷一，本卷頁23。

45. 【注】崇高也賈侍中云一耦之發廣……曰畎高曰畝畝壟也書曰異畝同穎

【按】丁跋本「耦」作「楇」，當因「木」、「耒」形近混誤。

「異畝」之「畝」，丁跋本、二乙堂本作「𤳊」，黃刊明道本及其覆刻本作「畂」，閔齊伋本、詩禮堂本、薈要本、文淵閣本、文津閣本、董增齡本作「畞」。

又「壟」，黃刊明道本及其覆刻本作「壠」，「壟」、「壠」異體同構。

許本、張一鯤本、詩禮堂本、文淵閣本、文津閣本、董增齡本「穎」作「頴」，道春點本、千葉玄之本作「穎」，三字音同可通。又活字本「穎」誤作「肄」。又薈要本、文淵閣本、文津閣本「書」字後有「序」字。秦鼎云：「書曰，《歸禾》序，注疑脫『序』字。」〔註36〕四庫本三種皆增「序」字而無說。今審「異畝同穎」出《書・微子之命・歸禾序》，《微子之命》為《古文尚書》，四庫本改是。從本條可以看出，四庫本在以詩禮堂本為底本的同時，不僅參考了明道本，而且還進行了其他方面的校證工作。

46. 將焉用飾宮以徼亂也

【按】丁跋本「徼」誤作「儌」，當為形近誤作。

活字本、黃刊明道本及其覆刻本、薈要本、文淵閣本、文津閣本「以」前有「其」字，《通鑑前編》卷一五、《經濟類編》卷七七引皆無「其」字。有無「其」字涉及到斷句的問題：（1）若無「其」字，則全句不斷開，後加問號為「將焉用飾宮以徼亂也？」（2）若有「其」字，則當斷作「將焉用飾宮？其以徼亂也。」後面的句號也可用問號或者嘆號。以臣下對君主之言，恐以有「其」字更合乎語境。

又《百家類纂》本、二乙堂本、詩禮堂本「飾」作「餙」。

47. 【注】既立子猛又許賓孟

【按】許本「又」誤作「及」。

48. 晉羊舌肸聘于周

【按】許本、張一鯤本、《國語評苑》、吳勉學本、二乙堂本、道春點

本、千葉玄之校本「肝」作「胦」，薈要本、董增齡本、秦鼎本、高木本等作「胑」，活字本、黃刊明道本及其覆刻本作「肝」，《鈔評》作「肝」，皆「胑」之別體，拙著《〈國語補音〉異文研究》有詳辨，可參。

又張一鯤本、《國語評苑》、閔齊伋本、道春點本、千葉玄之本、董增齡本、秦鼎本、高木本等「于」作「於」。

49.【注】發其禮幣於周大夫

【按】活字本「發」作「發」，道春點本「發」作「發」，童本「發」作「發」，皆「發」異體字，《國語》各本中亦多錯出。拙著《〈國語補音〉異文研究》有詳辨，可參。

50.【注】單襄公之孫頃公之子

【按】丁跋本「頃」誤作「項」。

活字本、黃刊明道本及其覆刻本、寶善堂本等「子」後有「也」字，有「也」字語氣更爲完足。

51. 靖公享之……

【按】許本正文及注「享」俱作「饗」。《說文》：「享，獻也。」「饗，鄉人飲酒也。」段注謂：「《周禮》用字之例，凡『祭享』用『享』字，凡『饗燕』用『饗』字；《小戴記》用字之例，凡『祭享』、『饗燕』字皆作『饗』，無作『享』者。《左傳》則皆作『享』，無作『饗』者。毛詩之例，則獻于神曰『享』，神食其所享曰『饗』。鬼神來食曰饗，即《禮經》『尚饗』之例也；獻于神曰享，即《周禮》『祭享』、『作享』之例也。各經用字，自各有例。《周禮》之『饗燕』，《左傳》皆作『享宴』，此等蓋本書固爾，非由後人改竄。」又謂：「『享燕』之『享』正作『享』。享。獻也。《左傳》作『享』爲正字，《周禮》、《禮記》作『饗』爲同音假借……毛詩之例，凡獻于上曰享，凡食其獻曰饗。」〔註37〕實二字音同，義亦相通，古書中不乏混用之例。本文爲靖公待叔向，故字正當作「饗」。當然，段玉裁所說「各經用字，自各有例……本書固爾，非由後人改竄」頗爲通達。

〔註37〕（漢）許慎：《說文解字》，頁 111 上、頁 107 下。〔清〕段玉裁：《說文解字注》，頁 229 上、頁 221 上。

52. 【注】享賜所以醻賓賜下也

【按】許本「享」作「亯」，又許本「亨」亦寫作「亯」，反增混亂。

53. 【注】言能明其文使之昭

【按】許本「言」作「君」。「言」字爲訓詁之常用術語。用作「君」字是以「成王」爲周成王，且「君」參與注文語義、句法，爲主語。作「君」字亦可通，然不與其他各本相合，疑許本別自爲義，當從《國語》多本作「言」。

54. 基始也命信也

【按】惠批：「訓詁之學始於此。」王懋竑亦謂「基始也」「以下可見古人訓詁之詳。」〔註38〕各訓詁學教材以及訓詁學史專著多引叔向說《昊天有成命》故事以明訓詁學之發端，惠棟、王懋竑之說實肇其端緒。拙稿《〈國語·周語下〉、〈新書·禮容語下〉比勘》曾引述各家訓詁學著作來說明這一點，可參。

55. 密寧也

【按】凡「寧」字，許本率作「窰」。上引《國語》其他各本「寧」字亦各自作形，然皆與「寧」同字。

56. 熙廣也（鄭後司農云廣當為光虞亦如之）

【按】惠批：「古廣、光通用。」惠氏解是。秦鼎引或云：「依鄭說，『廣』皆當爲『光』。」〔註39〕則秦鼎所引「或云」恐怕也不贊同鄭玄的說法。拙稿《〈國語·周語下〉、〈新書·禮容語下〉比勘》詳參古今《詩經》著述以爲疏證，可參。

活字本、黃刊明道本及其覆刻本、寶善堂本、《補正》、《四部備要》本等無「後」字，汪遠孫《攷異》已揭出。上古本、王樹民與徐元誥點校本《國語集解》補「後」字。

〔註38〕　（清）王懋竑：《讀書記疑》，頁342上。
〔註39〕　（日）秦鼎：《春秋外傳國語定本》卷三，本卷頁14。

57. 終於固穌故曰成（成成其王命也）

【按】惠批：「似此解，則成王猶周成王也。」京都大學圖書館藏批校本亦云：「故曰成者，乃釋成王之諡義也。」〔註40〕拙稿《「叔向說〈昊天有成命〉」〈國語〉、〈新書〉比勘》有詳說，以「成王」即普通動賓結構「成其王命」，非謂周成王，可參。

58. 不忘詩曰其類維何……

【按】金李本本行以及以下數行皆爲二十一字，許本、童本則皆二十字。

又童本「類」皆作「纇」。許錟輝云：「『纇』爲『類』字之訛，《中國書法大字典‧頁部》引唐寅、王世貞『類』字皆作『𩔖』可證，則『纇』爲『類』之異體無誤。」〔註41〕許說可從。審活字本「類」字亦有作「纇」形者。

59. 以佐王室可謂廣裕民人

【按】此處「佐」字，許本未改作「左」。又吳勉學本「裕」誤作「裕」。

60. 景王二十一年將鑄大錢

【按】童本上章與本章合二爲一，遞修本、許本、張一鯤本、《鈔評》以及《國語》多本則別行分章。叔向說《昊天有成命》章自當獨立，不當與單穆公諫鑄大錢章合，童本誤。

61.【注】銅鐵爲下幣

【按】許本「鐵」作「銕」，二字異體。《說文‧金部》云：「鐵，黑金也。從金𢧜聲。䥯，鐵或省。銕，古文鐵，從夷。」〔註42〕是許本作「銕」字的理據。又《國語評苑》「鐵」作「鉄」，道春點本「鐵」作「鐵」，張一鯤本、詩禮堂本、千葉玄之本、綠蔭堂本、秦鼎本作「鐵」，亦皆「鐵」字俗體。又《玉篇‧金部》：「鉄，古文䥫。」〔註43〕至焦竑《俗書刊誤》則云：「鐵，俗

〔註40〕（日）林信勝點校：《國語》卷三，本卷頁 16。
〔註41〕許錟輝：「纇」字研訂說明，《異體字字典》在線版，http://dict2.variants.moe. edu.tw/variants/。
〔註42〕（漢）許慎：《說文解字》，頁 293 下。
〔註43〕（宋）陳彭年等：《宋本玉篇》，頁 328。

作鈇，非。」〔註44〕可見元明時期「鈇」已用作「鐵」的異體字，《國語評苑》「鈇」字即是一例。《宋元以來俗字譜》收之。

62.【注】至景王有二品省之不孰耳

【按】許本「省」作「考」。審清江永《禮書綱目》卷六五、清閻鎮珩（1846～1910）《六典通考》卷四三引與許本同，或即據許本錄文。

活字本、黃刊明道本及其覆刻本、寶善堂本、《補正》、《四部備要》本「有」前有「而」字，「孰」作「熟」，「耳」作「也」。「孰」、「熟」古今字。又薈要本、董增齡本、秦鼎本、高木本「孰」亦作「熟」。又審王應麟《漢制考》卷一、《玉海》卷一八〇皆引作「省之不熟耳」。清蔡雲談《癖談》卷四云：「鄭氏《周禮·外府》注：『泉始蓋一品，周景王鑄大泉，而有三品。』韋昭注《國語》引而辨之曰：『單穆公云：古者有母平子，子權母而行。然則二品之來，古而然矣。鄭君省之不熟耳。』余案穆公又云：『今王廢輕而作重』，則是泉始二品，至景王而專行一品。鄭說殊爲顛倒，韋氏辨之亦未盡。」〔註45〕從蔡雲談的說法看，韋注以鄭注考察未詳熟。則《國語》多本「省」字、許本「考」字義皆可通，唯許本不與《國語》多本同，未知是自爲改字還是別有所本。要之，當求文字一律，統一釐爲「省」字最合。

又秦鼎本、高木本「耳」作「也」，當是從黃刊明道本改字。

又活字本、黃刊明道本及其覆刻本、寶善堂本、《補正》、《四部備要》本等「景王」後有「而」字，董增齡本「景王」後有「時」字。「而」字連詞，在本注文中表示轉折關係，有「而」字更能增強語氣。董本「時」字亦通，唯不與《國語》各本同，或自爲增字，當從他本釐定。

63.【注】二者先後各有宐

【按】遞修本、活字本、丁跋本、張一鯤本、《鈔評》、二乙堂本、閔齊伋本、詩禮堂本、薈要本、文淵閣本、文津閣本、道春點本、千葉玄之本、董增齡本、秦鼎本「宐」作「宜」，黃刊明道本及其覆刻本作「冝」，「宜」、「宐」、「冝」異體字，拙著《〈國語補音〉異文研究》有詳辨，可參。

閔齊伋本、詩禮堂本、薈要本、文淵閣本、文津閣本「有」後有「所」

〔註44〕 （明）焦竑：《俗書刊誤》，頁 558 上。
〔註45〕 （清）蔡雲談：《癖談》，上海：商務印書館 1939 年版，頁 39。

字。審《羣書治要》卷八、《長短經》卷三、《冊府元龜》卷三二三、《文章正宗》卷四、《古文淵鑒》卷五引亦無「所」字。有無「所」字皆通，則恐閔齊伋本首添「所」字，詩禮堂本、薈要本、文淵閣本、文津閣本等踵之。

64.【注】臣奉而成之爲緯也

【按】童本「緯」作「繡」，凡以「韋」爲構件之字，其中構件「韋」亦多寫作「帚」，如「衛」又寫作「衞」等。清人顧藹吉《隸辨・卷六・偏旁》云：「韋，《說文》作『韋』，從『舛』、從『口』，筆迹小異，亦作『韋』、『韋』，變作『韋』、『韋』。或作『韋』、『韋』，上譌從『屮』。或作『韋』，下譌從『屮』。或作『帚』、『韋』，下譌從『巾』。『衛』本作『衞』，從『韋』從『帀』，隸省作『衛』。譌從『巾』者，因『衛』字致譌也。『衞』亦作『衛』，省『帀』從『韋』。」〔註46〕辨析頗詳。實「違」、「圍」等字的構件「韋」皆有作「帚」者。

65. 關石龢均

【按】活字本、許本、黃刊明道本及其覆刻本、董增齡本「均」作「鈞」。又活字本、詩禮堂本、薈要本、黃刊明道本及其覆刻本「龢」作「和」。「均」與「鈞」、「和」與「龢」俱音同可通。

66.【注】濟濟盛貌

【按】許本「貌」作「皃」。

67. 愷悌君子干祿愷悌

【按】敦煌殘卷本、許本「愷悌」作「豈弟」，辨已見前文。

68. 而又奪其資

【按】凡「奪」，許本率作「敓」。《說文・攴部》：「敓，彊取也。」「奪」字不見於今本《說文》。唐釋慧琳《一切經音義》卷二九「鷹奪」注引《說文》云：「手持大鳥失之曰奪。」又《說文・奞部》云：「奪，手持隹失之也。」段注云：「引伸爲凡失去物之稱。凡手中遺落物當作此字，今乃用脫爲之，而

〔註46〕 （清）顧藹吉：《隸辨》，臺北：臺灣商務印書館1986年版《景印文淵閣四庫全書》第235冊，頁696上。

用奪為爭敓字，相承久矣。」〔註47〕是許本字作「敓」之理據。

　　《鈔評》「其」作「之」，「其」、「之」皆作代詞，唯「其」作遠指代詞，「之」作近指代詞，但語義上也都可以講得通。唯《鈔評》「之」字不與《國語》眾本同，當從《國語》眾本作「其」。

69. 二十三年王將鑄無射而為之大林

　　【按】金李本本行多一字，注中「鍾」字，許本、《鈔評》、二乙堂本、閔齊伋本作「鐘」，「鍾」、「鐘」音同可通，正當作「鐘」。拙著《小學要籍引〈國語〉研究》於「鍾」、「鐘」二字有詳辨，可參。

70. 不過步武尺寸之閒

　　【按】許本「步武」作「武步」，當屬倒乙，葢「步」、「尺」長於「武」、「寸」。

　　又《鈔評》「閒」作「間」。

71. 【注】歆猶歆歆喜服也

　　【按】敦煌殘卷本「歆」作「愔」，義與「歆」同。惠批：「喜，抄作嘉。」「抄」即明道本之抄本之謂。今審黃刊明道本及其覆刻本字即作「嘉」，然活字本等各本字作「喜」，「喜」、「嘉」上半部分形同，恐字作「喜」更合語境。《集解》從公序本作「喜」。

　　又二乙堂本、道春點本、千葉玄之本、秦鼎本、高木本「歆歆」作「欣歆」，秦鼎云：「此解，明本作『歆猶嘉服也』，陳本『歆猶歆歆喜服也』。」〔註48〕薈要本、文淵閣本、文津閣本、黃刊明道本及其覆刻本注作「歆猶嘉服也」。又日本刊本《羣書治要》卷八引注「歆歆」作「欣歆」，《冊府元龜》卷三二三引作「歆歆」。《儀禮經傳通解》卷二七、《禮書綱目》卷三八、《讀書雜誌·漢書·遊俠傳》「歆其德」條、王先謙（1842～1917）《漢書補注》引作「歆猶喜服也」。段玉裁《說文解字注》、朱駿聲《說文通訓定聲》「歆」注、《羣經平議》卷二六引韋注作「歆猶欣欣喜服也」。無論字作「歆」還是

〔註47〕　（漢）許慎：《說文解字》，頁68下、頁77上。（唐）釋慧琳：《一切經音義》，上海古籍出版社1983年影獅谷蓮花社本，頁1168。（清）段玉裁：《說文解字注》，頁144上。
〔註48〕　（日）秦鼎：《春秋外傳國語定本》卷三，本卷頁18～19。

作「欣」，當保持一致，不當作「欣歆」。拙著《小學要籍引〈國語〉研究》、拙稿《敦煌殘卷寫本〈國語‧周語下〉校記》有詳辨，可參。

72. 夫宮音之主也第以及羽

【按】許本凡「第」字皆作「弟」。《說文‧弟部》：「弟，韋束之次弟也。从古字之象。」〔註49〕段注云：「以韋束物，如輈五束、衡三束之類。束之不一，則有次弟也。引伸之，爲凡『次弟』之『弟』，爲『兄弟』之『弟』，爲『豈弟』之『弟』。《詩正義》引《說文》有『第』字。」又段注《說文‧竹部》云：「第，次也，從竹、弟。」〔註50〕「第」爲「弟」之分化字可知。

73. 【注】木柷圉也

【按】此「圉」字許本未改。活字本、黃刊明道本及其覆刻本、寶善堂本、《補正》、《詳注》、《集解》、《四部備要》本、《叢書集成初編》本、上古本「圉」作「敔」。《儀禮經傳通解》卷二七、《文獻通考》卷一三四、《苑洛志樂》卷九、《樂律表微》卷七、《禮書綱目》卷八三、《五禮通考》卷七四、《六典通考》卷一二九引字作「敔」。《補音》云「圉」、「敔」古字通，汪遠孫《攷異》已揭出。又寶善堂本「柷」誤作「柷」，點校本《集解》「柷」誤作「祝」。

74. 【注】鍾石所以動發五聲

【按】遞修本、活字本、許本、董增齡本、黃刊明道本及其覆刻本、秦鼎本、寶善堂本、《補正》、《四部備要》本、上古本「鍾石」作「鍾磬」，點校本《集解》作「鍾磬」，二乙堂本作「金石」，秦鼎云：「鐘磬，舊作鍾石，誤也，今從明本。」〔註51〕

又活字本、董增齡本、黃刊明道本及其覆刻本「動發」作「發動」，「發動」後有「也」字。審《儀禮經傳通解》卷二七引作「鐘磬所以發動五聲」，與活字本、黃刊明道本及其覆刻本同。元馬端臨（1254～1323）《文獻通考》卷一三四引作「鐘磬所以動五聲也」。審宋陳祥道（1053～1093）《禮書》卷

〔註49〕　（漢）許慎：《說文解字》，頁113下。
〔註50〕　（清）段玉裁：《說文解字注》，頁236下、頁199上。
〔註51〕　（日）秦鼎：《春秋外傳國語定本》卷三，本卷頁20。

一二七云：「《春秋傳》曰：『入門而金作。』《國語》曰：『金不過以動聲。』又曰：『金石以動之。』先儒謂：凡樂，先擊鍾，次擊鼓。是也。」〔註52〕則釋「金」為「鐘」無疑義。又北宋陳暘《樂書》卷四九云：「石，樂之器也；聲，樂之象也。古之人為磬，尚象以制器。豈貴夫石哉？尚聲以盡意而已。故舜命夔典樂，擊石，拊石，以象上帝玉磬之音。則磬之為器，其音石，其卦乾，其位西北，而天屈之，以為無有曲折之形焉。所以立辨也，故於方有西、有北，於時有秋、有多，於物有金、有玉，以分有貴賤，以位有上下，而親疎長幼之理皆辨於此矣。古人之論磬，謂其有貴賤焉，有親疎焉，有長幼焉。此三者行，然後萬物成，天下樂之。故在廟朝聞之，君臣莫不和敬；閨門聞之，父子莫不和親；族黨聞之，長幼莫不和順。夫以一器之成，而功化之，敏有至於此，則磬之尚聲可知矣。《書》之言球必以鳴先之者，亦此意歟？磬師所掌，不過教眡瞭擊之而已。眡瞭言掌擊笙磬頌磬則鐘舉矣。小胥凡縣鐘磬，半為堵，全為肆，則鐘磬皆在所編也。於鐘言編，則磬舉矣。鐘磬常相待以為用，《國語》曰『金石以動之』是也。」〔註53〕如此，則「金石」之「石」亦指「磬」而言，無誤。則韋注此處字作「磬」、作「石」皆可，而以「磬」與「鐘」更相配合。「磬」作為禮器較早出現，韋昭之時亦當經見，故韋注釋「石」為「磬」亦有其理據與可能性。又「磬」、「罄」音同可通，拙著《小學要籍引〈國語〉研究》有詳辨，可參。要之，「石」、「磬」皆可通，以「磬」字更合。「動發」、「發動」義亦相會，唯語序不同，或各有所本。就習慣性上而言，似「動發」更合。

75. 【注】細無射也大大林也

【按】丁跋本「大林」之「大」誤作「人」。

76. 【注】繫絲未以為琴瑟也

【按】遞修本、許本以及《國語》他本「未」皆作「木」，是《叢刊》本「未」字為「木」字之誤。

〔註52〕　（宋）陳祥道：《禮書》，東京大學東洋文化研究所藏宋刊元修本，本卷頁 2。
〔註53〕　（宋）陳暘：《樂書》，臺北：臺灣商務印書館 1986 年版《景印文淵閣四庫全書》第 211 冊，頁 239。

77. 【注】天有六母地有五子

【按】活字本、許本、薈要本、文淵閣本、文津閣本、黃刊明道本及其覆刻本、董增齡本「母」作「甲」，遞修本「甲」作「田」。秦鼎本作「日有六甲，辰有五子」。秦鼎本唯引杜預（222～285）注、孟康注明「六氣」、「六甲」、「五子」，未言改字作「日」、「辰」之由，實本《漢書‧律曆志》。董增齡即引《太玄經》與《漢書‧律曆志》以疏證韋注。然本書上下原本語義順暢、語氣貫通，而秦鼎擅以他書改本書文字，恐亦失之武斷。審《太平御覽》、《通典》、《儀禮經傳通解》、《文獻通考》等書俱引作「甲」。基本古籍庫所收古籍中唯江永《禮書綱目》卷八二、清萬年淳《易拇》卷四引作「母」，或即據金李本、張一鯤本等《國語》引作「母」字。惠批：「《御覽》作『六甲』，宋本同。坊本『甲』誤作『母』。」言是。又遞修本「田」字當為「甲」字之誤。

78. 【注】管長九寸徑三分圍九分律長九寸因而九之九九八十一故黃鍾之數立焉為宮法云九寸之一得林

【按】許本、童本「八十一故黃鍾之數立焉為宮法云九寸之一得林」皆在下行，金李本本行字數 20 字。

79. 【注】蕤委蕤柔貌也

【按】許本「貌」作「兒」。

80. 【注】黜去也越揚也呂陰律所以侶閒陽律

【按】許本「侶」誤作「佀」，「昌」為「以」字之古籒，則許本「佀」實為「似」字。又活字本「侶」亦作「呂」，「呂」為「侶」聲符字，二字亦可看作古今字關係，皆可通。《御覽》卷一六引字亦作「呂」。元人劉瑾《律呂成書》卷二引「侶」作「旅」，或音同而誤。

81. 【注】夾鍾助陽鍾聚曲細也

【按】許本、薈要本、文淵閣本、文津閣本、董增齡本、《集解》「曲細」作「也細微」，活字本、黃刊明道本及其覆刻本、寶善堂本、《補正》、《四部備要》本、《叢書集成初編》本、上古本唯作「鍾聚也」，張一鯤本及其覆刻本、二乙堂本作「鍾聚也細也」，又文津閣本「助」誤作「初」。審《儀禮經

傳通解》卷一三、《文獻通考》卷一三二、《禮書綱目》卷八二引皆與金李本等同，清人陳立《白虎通疏證》引則與張一鯤本等同。由正文「二閒夾鍾出四隙之細也」可知注文當釋「鍾」、「細」，則許本、薈要本、文淵閣本、文津閣本、董增齡本、《集解》等的注文爲最合。

82. 【注】南呂為羽應鍾為變宮

【按】丁跋本「變」作「变」。審《重訂直音篇》字作「变」，「又」、「攵」形近而混作，故「變」亦作「變」，「变」亦作「变」。可見有些現代簡化字淵源有自。審活字本中「變」字亦有作「变」形者。

83. 【注】是日月合辰十前一度

【按】丁跋本「十前」作「斗角」，遞修本、活字本、許本、張一鯤本及其覆刻本、二乙堂本、薈要本、文淵閣本、文津閣本、黃刊明道本及其覆刻本、董增齡本、秦鼎本、高木本、寶善堂本等作「斗前」。金李本、詩禮堂本、《叢刊》本「十」字當爲「斗」字之誤。又丁跋本「角」或爲「前」字之誤。又活字本「日」字處空格無字，或漏刻「日」字。

又活字本、黃刊明道本及其覆刻本「度」後有「也」字煞尾。閔齊伋裁注云：「日月合於斗前一度也。」〔註54〕亦有「也」字煞尾。

84. 【注】三日癸巳武王發行二十八日戊午……二十九日

【按】丁跋本「武王發」作「伐商師」，又「二十九」誤作「又十九」。「武王發行」者，「行」亦「起師」之義。丁跋本文義亦通，唯不與《國語》眾本字同，當從《國語》眾本。

又活字本漏刻「二十八日」之「日」。

85. 伯陵之後逄公之所馮神也

【按】許本、二乙堂本、閔齊伋本、薈要本、文淵閣本、文津閣本、千葉玄之校本「逄」作「逢」。《說文》有「逢」無「逄」。《干祿字書》云：「逄、逢，上俗下正。」《正字通》對於二字有較詳細之考證，如下：

《孟子》「逄蒙學射手羿」，孫奕《示兒編》以「逄」爲「逢」，誤。又曰：

「字異而義同者：逢蒙，《荀子·王伯篇》作『蠭門』，《淮南子》、《王褒頌》作『逢門』，《七略》作『蠭蒙』。」後「逢」註中从丰，與从牛不同。顏師古《刊誤正俗》：「『逢姓』之『逢』與『逢遇』之『逢』要爲別字。」又曰：「逢、逢之別，豈可雷同？」按：此皆惑于曲說而誤也。孫奕、郭忠恕分「逢」、「逢」爲二，韻書仍之，獨唐祕書監顏元孫《干祿字樣·東韻》載逢、逢二文註云：「逢俗逢正。諸同聲者竝準此，唯降字等从牟。」考《說文》有「逢」無「逢」，顏非臆說明甚。郭、孫二說迂繆不足信。《洪武正韻·一東·篷部》「逢」註引《詩》「鼉鼓逢逢」，《馮部》「逢」註：「遇也，迎也。」《風部》「逢」註引《封禪書》「大漢之德逢涌」師古曰：「逢，讀奰。言如奰火之升。」《十七陽·旁部》「逢」註：「人姓，齊逢丑父。亦作蠭、逢。」「逢」註《孟子》「逢蒙楊子羿逢蒙」、「蠭」註《荀子》「羿蠭蒙」，「逢」與「逢」兩存，「逢」與「蠭」強合。未詳「逢」俗作「逢」。《封禪文》本作「風」，譌作「逢」。「逢蒙」本作「逢」，譌作「蠭」。「逢丑父」本作「逢」，譌作「逢」。非「逢亦作逢」、「奰、蠭與逢通」也。《韻會》「逢扗」，《東韻》「逢扗」，《江韻》載毛氏所引顏之推說，謂：「逢、逢固異，狀《楊子》、《淮南子》傳寫作逢，今竝收入，以示傳疑。」不知逢兼「馮」、「篷」、「房」三音，無「風」音，非以从「丰」、从「牛」爲分別。舊本沿《正韻》、《韻會》，故承譌如此。〔註55〕

　　許本「逢」作「逢」，持論與《正字通》相似，即以「逢」、「逢」二字爲異體字，則「逢」字較「逢」字爲古。

　　又活字本、黃刊明道本及其覆刻本等「馮」作「憑」，「馮」、「憑」古今字。

86.【注】王季之母姜女也

　　【按】丁跋本「母姜」作「所生母」，與今《國語》其他各本異。因爲本注是解釋正文「大（太）姜」的，且注文前有「大（太）姜」二字，丁跋本作「所生母」，或以「姜女」有重複之嫌而改，《國語》多本作「姜女」不誤，當從多本。

87.……我太祖后稷之所經

　　【按】金李本本行19字，丁跋本移下行首字「緯」字於本行。

〔註55〕（明）張自烈撰，（清）廖文英續：《正字通》，《續修四庫全書》第235冊，頁580。

88. 自鶉及駟七列也……

【按】許本「鶉」率作「鷻」。《說文》：「鳥，鳥之長尾總名也。」「隹，鳥之短尾總名也。」〔註56〕「鳥」、「隹」義近，故從「隹」之字，「隹」亦可寫作「鳥」，如「雞」與「鷄」、「雅」與「鴉」等。《說文》有「鷻」無「鶉」，是許本作「鷻」的理據。

89. 凡神人以數合之

【按】丁跋本「凡」字誤作「鬼」。

90.【注】以聲昭之用律調音也

【按】許本「音」作「龢」，古書中無見韋注「調音」之「音」有引作「和」者，或許本自爲之字。

91. 當辰辰在戌上

【按】許本、吳勉學本、薈要本、千葉玄之校本、董增齡本、《補正》、《四部備要》本、《詳注》、《叢書集成初編》本、上古本、《集解》「戌」作「戌」，文淵閣本、文津閣本作「戊」。正當作「戌」。

92.【注】左杖……右秉

【按】此注中「左」、「右」，許本未改。

93.【注】名比樂為厲者所以厲六軍之眾也

【按】遞修本、活字本、丁跋本、二乙堂本、道春點本、薈要本、文淵閣本、文津閣本、千葉玄之校本、董增齡本、黃刊明道本及其覆刻本、秦鼎本「比」作「此」。「比」為「此」俗字，拙著《〈國語補音〉異文研究》有說，可參。

94. 以大蔟之下宮布令于商

【按】童本「商」作「啇」。

張一鯤本、吳勉學本、閔齊伋本、道春點本、千葉玄之本、董增齡本、秦鼎本、綠蔭堂本、高木本「于」作「於」。

〔註56〕（漢）許慎：《說文解字》，頁79上、頁76上。

又黃刊明道本及其覆刻本、董增齡本「大」作「太」，活字本、二乙堂本、董增齡本「蔟」作「簇」。又秦鼎本注文中字亦有作「簇」字者。拙著《小學要籍引〈國語〉研究》有辨，可參。

95. 【注】謂釋箕子之因散鹿臺之財

【按】金李本原本以及《國語》各本「因」作「囚」，是《叢刊》本「因」字誤。

活字本「臺」作「𦊆」，「𦊆」爲「臺」字之俗。審元袁桷（1266～1327）《三希堂法帖》、明唐寅（1470～1524）《落花詩冊》字即作「𦊆」、「𦊆」〔註57〕，則「臺」之作「𦊆」或書法家的結體藝術，後成爲較爲通行之俗字。

又二乙堂本「散」前有「與」字，武王散財，恐非散與箕子者，有「與」字宜使讀者產生誤解，二乙堂本「與」字未當。

96. 【注】發巨橋之粟

【按】童本「粟」誤作「栗」。

97. 故謂之嬴亂所以優柔容民也（亂治也柔安也）

【按】丁跋本批：「亂，曲終也。」審恩田仲任引陶望齡（1562～1609）曰：「亂，第曲終之意。」〔註58〕丁跋本批或即本陶望齡說。

黃刊明道本及其覆刻本「嬴」作「贏」，《札記》云：「當依別本作『嬴』，《舊音》音嫣，是也。」〔註59〕汪遠孫《攷異》云：「嬴、贏二字互譌，傳文作贏。或作『嬴』者非也。」〔註60〕吳曾祺謂「黃氏意以『嬴』即上文『嬴內』之『嬴』」〔註61〕，沈鎔則因吳曾祺說亦謂：「『贏』當作『嬴』，即上『嬴內』之『嬴』。」〔註62〕陳祥道《禮書》卷一二九引作「嬴」，衛湜《禮記集說》卷九九、《廣博物志》卷三三引作「贏」，《通志》卷一八一、《經濟類編》卷四六、《右編》卷三五引作「嬴」。可見，各書引文用字亦頗參差。俞

〔註57〕 吳澄淵主編：《新編中國書法大字典》，北京：世界圖書出版公司2001年版，頁1292。
〔註58〕 （日）恩田仲任：《國語備考》，頁4。
〔註59〕 （清）黃丕烈：《校刊明道本韋氏解國語札記》，頁247。
〔註60〕 （清）汪遠孫：《國語明道本攷異》，頁284。
〔註61〕 吳曾祺：《國語韋解補正》卷三，本卷頁11。
〔註62〕 沈鎔：《國語詳注》卷三，本卷頁13。

樾《羣經平議》卷二八云：「下文『齊閭丘來盟』章曰：『其輯之亂。』韋注曰：『凡作篇章，義既成，撮其大要以爲亂辭。』詩者，歌也，所以節舞者也，如今三節舞矣。曲終乃更變章亂節，故謂之亂也。然則贏亂之亂，常與彼同。上文曰『故長夷則之上宮，名之曰羽』注曰：『長謂先川之也。』是此樂以羽爲始，以贏爲亂，故曰贏亂。其命名之意在贏不在亂，『優柔容民』乃釋贏字之義。『贏』之言『贏』也。《爾雅·釋天》『夏爲長贏』《釋文》曰：『贏本或作贏。』是贏、贏古通用。襄三十一年《左傳》『以贏諸侯』杜注曰：『贏，受也。』《荀子·解蔽篇》『故曰心容』楊注曰：『容，受也。』贏、容義既相近，以容訓贏，正古義矣。亂乃樂終之名，非義所在，故無說也。韋注未得其義。」〔註63〕徐元誥引俞樾爲說，徐氏謂：「各本贏作『贏』，黃丕烈謂當作『贏』，今從之。」〔註64〕張以仁《國語斠證》云：「《札記》、《攷異》之說正適相反，然《攷異》是也。」〔註65〕「贏」、「贏」二字形近易混。

98. 景王既殺下門子

【按】丁跋本批：「見《內傳》。」惠批：「《五行志》所謂雞禍。」此事在《左傳·昭公二十二年》。惠批謂《五行志》雞禍者實爲《漢書》引《左傳》文。《鈔評》「殺」作「**殺**」。

99. 遂歸告王

【按】南圖藏四冊裝之許本「王」誤作「玉」。

《鈔評》「歸」作「**歸**」，亦「歸」字之俗。

100. 【注】自作犧則能治人

【按】許本、上古本、《集解》「能治人」下有「也」字，黃刊明道本及其覆刻本、寶善堂本、《補正》、《四部備要》本無「人」字，有「也」字。汪遠孫《攷異》云：「『自上』、『能治』下，公序本俱有『人』字。案：『自上』人字當在『猶治』之下，寫者誤倒，蓋韋注用人爲治人，此本脫兩『人』字

〔註63〕 （清）俞樾：《羣經平議》，《續修四庫全書》第 178 冊，頁 462 下～頁 463 上。
〔註64〕 徐元誥撰，王樹民、沈長雲點校：《國語集解》（修訂本），頁 128。
〔註65〕 張以仁：《國語斠證》，頁 120。

也。」〔註66〕汪氏言是。活字本則與《國語》他本同。

101. 使公卿皆從將殺單子未克而崩（單子單穆公也克能也王欲廢子猛更立子朝恐其不從故欲殺之遇心疾而崩故未能在魯昭二十二年）

【按】惠批：「注『單子』以下九字，抄本無。」黃刊明道本即源自鈔本，故同。活字本與金李本等同。

張一鯤本、《國語評苑》、二乙堂本、詩禮堂本、薈要本、文淵閣本、文津閣本、道春點本、千葉玄之本、董增齡本、秦鼎本「未能」後有「也」字。

又二乙堂本無「更立子朝」、「在魯昭二十二年」等字，二乙堂本注文本是減省韋注而成，時有省略。

102. 【注】萇弘周大夫萇叔也

【按】童本「萇弘」誤作「可矣」。

103. 【注】朝入于王城敬王如劉秋敬王居于翟泉

【按】丁跋本「如」誤作「女」。活字本、黃刊明道本及其覆刻本「翟」作「狄」。

審遞修本「敬」字末筆似爲墨筆添加，並非刻版。如下圖：

敬 敬

遞修本雕版刻字「敬」字末筆既不能如「敬」字靈動，亦不當如「敬」般麤肥，總之，二字末筆與遞修本整體刻字風格不合，顏色深淺亦異，當爲後來者添加筆劃改回本字者。至於何時添改，由於北京國家圖書館出版社在影印時沒有任何情況說明，張元濟（1867～1959）等記載此本時亦無相關信息，難以得知。遞修本此類情形不少見。以之爲依據考察避諱字時，當需謹愼。

又張一鯤本等「于」作「於」。

〔註66〕 （清）汪遠孫：《國語明道本攷異》，頁284。

104. 【注】周詩飫時所歌支拄也

【按】丁跋本、千葉玄之本、黃刊明道本及其覆刻本、董增齡本、秦鼎本、寶善堂本等「拄」作「柱」，二乙堂本「拄」誤作「挂」，詩禮堂本「時」誤作「詩」。《說文·木部》：「柱，楹也。」〔註67〕《說文》無「拄」字，《玉篇·手部》：「拄，指拄也。」〔註68〕假如《說文》無「拄」字確實是當時實際文字應用情況的話，從文字產生順序上，字作「柱」符合文字應用實際。如果從表義角度，則字當作「拄」。「拄」、「柱」皆從「主」得聲、義，故得相通。

又活字本、黃刊明道本及其覆刻本「歌」後有「也」字。

105. 今萇劉欲支天之所壞不亦難乎自幽王而天奪之

【按】許本「支」誤作「夫」，此處「奪」字許本未改作「敓」。

106. 以亡其百姓其壞之也久矣

【按】許本、《鈔評》「亡」作「忘」，審《經濟類編》卷五、《繹史》卷八二引字也作「忘」，或即本許本。今《國語》譯本亦多譯作「喪失」、「失去」，亦通。不必改字作「忘」。

又《鈔評》「久」作「夂」。黃沛榮云：「夂，《說文解字·夂部》作『夂』，後世隸定，或作『久』，或作『夂』，前者如《新加九經字樣》、《字鑑》、《字彙》等，並以『夂』爲『久』之俗字，後者則如《玉篇》、《集韻》、《四聲篇海》等書，皆以『夂』字爲字頭。按『夂』乃由『久』字筆勢訛誤而成，小篆作『夂』，漢簡作『久』，並可證。故《正字通》謂『夂』爲『久字之訛』，可從。」〔註69〕可以備說。

107. 【注】所以長育賢材

【按】許本、《鈔評》「材」作「才」，《國語》正文既然作「生之良材」，則注文亦當與正文保持一致。又活字本注文下句「良材」之「材」誤作「村」。正文「之」字，活字本、黃刊明道本及其覆刻本、寶善堂本、《補正》、《詳

〔註67〕（漢）許慎：《說文解字》，頁 120 上。
〔註68〕（宋）陳彭年等：《宋本玉篇》，頁 125。
〔註69〕黃沛榮：「夂」字研訂說明，《異體字字典》在線版，http://dict2.variants.moe.edu.tw/variants/。

注》、《四部備要》本、《集解》、上古本作「是」，「是」、「之」皆作近指代詞，語法功能、語義皆同。

108. 萇叔反是以誑劉子（誑惑也）

【按】此處「誑」字，許本亦未改作「誆」。

109. 【注】大陸晉藪

【按】童本「藪」作「薮」，亦可見漢字簡化之跡。

魯語上第四

1. 夫苟中心圖民

【按】惠批：「夫上有『知』字。」汪遠孫《攷異》謂黃刊明道本「知」字爲衍文，可從。吳曾祺《補正》、上古本仍存「知」字。《詳注》、《集解》從公序本、活字本等，無「知」字。

2.【注】言誠以中心圖慮民事其知雖有所不及

【按】許本無「其」字，亦通。唯不與《國語》諸本同，當從《國語》諸本補「其」字。

活字本、薈要本、文淵閣本、文津閣本、黃刊明道本及其覆刻本「知」作「智」。千葉玄之云：「知，去聲，見盧本注。」〔註1〕盧本音注是。

又《鈔評》「雖」作「錐」。

3. 嚴公如齊觀社

【按】丁跋本批：「見內傳。」童本「社」作「社」。凡以「土」爲構件之字，童本「土」率作「土」。

活字本、薈要本、文淵閣本、文津閣本、黃刊明道本及其覆刻本「嚴」作「莊」。詩禮堂本及其以前之公序本各本、《四庫全書》各本之外的公序本各本皆作「嚴」字，守漢諱，不改作「莊」。唯有薈要本、文淵閣本、文津閣本等四庫本三種則改作「莊」字，從通稱。

〔註1〕（日）千葉玄之校：《韋注國語》卷四，本卷頁2。

惠批云：「觀社之說見《墨子》。漢晉人之注皆非也。」惠氏未明言出自《墨子》何處，審《墨子·明鬼下》云：「燕之有祖，當齊之社稷，宋之有桑林，楚之有雲夢也。此男女之所屬而觀也。」孫詒讓《閒詁》引《魯語上》、《左傳》以證之，當即惠氏之所謂「見《墨子》」。

4. 【注】唐尚書云先王謂堯也

【按】南圖所見許本之十冊本、柏克萊加州大學東亞圖書館藏許本「堯」字處皆塗黑，或爲壞字。

5. 【注】然此欲以禮正君宐用周制

【按】丁跋本以及《國語》多本「宐」作「宜」或「冝」。詳見拙稿《〈國語補音〉異文研究》。

6. 收攏而厼納要也

【按】許本「納」作「內」。

活字本、黃刊明道本及其覆刻本、寶善堂本、《補正》、《詳注》、《四部備要》本、上古本、《集解》「厼」作「蒸」，汪遠孫《攷異》云：「賈本『攏』作『捃』，《補音》『蒸』作『厼』，賈本作『承』。」〔註2〕孫詒讓《墨子閒詁》「是猶舍獲而捃粟也」云：「捃、攏字同。」〔註3〕汪氏之說當本唐釋《一切經音義》。「承」、「厼」形、音皆近，或因此而混作。「攏」、「捃」異體字，傳世小學文獻中《說文》字唯作「攈」，《玉篇》始收「捃」字，《集韻》始收「攏」字。

7. 君舉必書（動則左史書之言則右史書之）

【按】此處「左」、「右」，許本未改。

8. 書而不法後嗣何觀

【按】此處「嗣」字，許本未改作「罩」。

〔註2〕 （清）汪遠孫：《國語明道本攷異》，頁287。

〔註3〕 （清）孫詒讓撰，孫啓治點校：《墨子閒詁》，北京：中華書局1986年版，頁448。

9. 嚴公丹桓宮之楹而刻其桷……

【按】丁跋本本處「桓」字未闕末筆避諱，注同。「嚴」字同上第3條。審千葉玄之本作「嚴公丹桓宮之楹」，又云：「一本作『嚴公丹桓宮之楹』。」〔註4〕未知何意。高木熊三郎云：「丹即朱也。楹與柱稍不同，凡在垣墻者爲柱，無垣墻者爲楹。丹楹者，必謂在階上之兩楹。桷與榱稍不同，兩楹之間橫貫者爲桷，在簷下爲榱。」〔註5〕黃金貴認爲「桷」特指方椽，「榱之爲椽，必用於大的宮室，一般是天子、諸侯豪華的殿堂，不僅龐壯，且常作華飾。」〔註6〕可以備說。

10. 【注】故丹柱刻榱以夸之

【按】丁跋本「夸」作「誇」，《鈔評》作「諤」，《龍龕手鑒》收「誇」之別體「誇」，「亐」、「于」同字，故「諤」得爲「誇」之別體，《異體字字典》失收，當補。「夸」、「誇」同。

11. 故能攝固不解以久

【按】童本「久」作「乆」，二字異體，詳見上。

又《鈔評》「解」作「觧」。「觧」爲「解」俗字，《宋元以來俗字譜》收之。

12. 今先君儉而君侈之

【按】童本「侈」誤作「移」。《鈔評》「儉」作「倹」，爲「儉」字之俗。黃刊明道本及其覆刻本、寶善堂本、《補正》、《詳注》、《四部備要》本、《叢書集成初編》本、上古本、《集解》無「之」字。汪遠孫《攷異》已揭出。上句作「先君儉」爲主謂形式，則本句作「君侈」與上句正相對應，故無「之」字似更符合本文句式。

13. 對曰君作而順則故之（順順於禮則書以爲故事）

【按】惠批：「抄本無『順』以下十字。」黃刊明道本及其覆刻本、寶善

〔註4〕（日）千葉玄之校：《韋注國語》卷四，本卷頁3。
〔註5〕（日）高木熊三郎：《標注國語定本》，本卷頁3。
〔註6〕黃金貴：《古代文化詞義集類辨考》，上海教育出版社1995年版，頁1054～1056。

堂本、《補正》等無此十字。活字本雖與黃刊明道本多處相同，然此處有「順」以下十字注文。《詳注》注文省「以」字，《集解》注與公序本同。

14. 【注】卿執羔大夫執鴈

【按】許本「大」誤作「犬」。寶善堂本、《詳注》「鴈」作「雁」。《說文·鳥部》：「鴈，䳱也。」《隹部》：「雁，鳥也。」徐鉉謂：「雁，知時鳥，大夫以爲摯，昏禮用之。」〔註 7〕段玉裁云：「鴈與雁各字，鵝與䳱鵝各物。許意隹部『雁』爲鴻雁，鳥部『鴈』爲鵝。䳱鵝爲野鵝。單呼鵝，爲人家所畜之鵝。今字雁、鴈不分久矣。禮經單言鴈者，皆鴻雁也。言舒鴈者，則鵝也。」〔註 8〕韋注實本《周禮·春官·大宗伯》，審鄭注即云：「鴈取其候時而行。」〔註 9〕若從《說文》字形、釋義，則字當作「雁」。然文獻故訓多以二字混用，「鴈」、「雁」可看作異體字。

15. 【注】工商執雞

【按】童本「商」作「啇」，凡以「商」爲構件之字，童本多作「啇」，張一鯤本、道春點本、千葉玄之校本等則反是。

16. 【注】長尺二寸有瓚以祀廟

【按】許本「瓚」作「贊」。《說文·貝部》：「贊，見也。」《玉部》：「瓚，三玉二石也。」〔註 10〕《詩·大雅·棫樸》「左右奉璋」鄭箋：「璋，瓚也。」陸德明（550～630）《經典釋文》云：「瓚，或作『贊』。」〔註 11〕字作「贊」者，當因音同而爲之字。此處爲名詞，正字固當作「瓚」。

17. 大懼殄周公大公之命祀

【按】惠批：「成王命齊、魯祀太公、周公，故曰命祀。不特周公、太公，古敬神祇皆是。」穆文熙云：「此與《左傳》晉乞秦糴之意頗同，而命祀之語

〔註 7〕 （漢）許慎：《說文解字》，頁 81 上、頁 76 下。

〔註 8〕 （清）段玉裁：《說文解字注》，頁 152 下。

〔註 9〕 （清）阮元校刻：《十三經注疏》，頁 762。

〔註 10〕 （漢）許慎：《說文解字》，頁 130 上、頁 10 下。天津古籍出版社 1991 年影陳昌治覆刻本「瓚」誤書作「瓛」。

〔註 11〕 （唐）陸德明：《經典釋文》，上海古籍出版社 1985 年影宋刻宋元遞修本，頁 352。

尤見一體之情。」〔註12〕京都大學圖書館藏本批語云:「言大公之祀者,蓋天子命魯使卿大夫仿祭于齊,此爲常業。而今國飢,懼其不共也。」〔註13〕俞樾《羣經平議》於《魯語》該句討論頗詳,皆可備說。

活字本、薈要本、黃刊明道本及其覆刻本等「大」作「太」。

黃刊明道本及其覆刻本、寶善堂本、《補正》、《詳注》、《四部備要》本、《叢書集成初編》本、上古本「殄」作「乏」,汪遠孫《攷異》已揭出公序本、明道本之異。徐元誥《集解》從公序本作「殄」。秦鼎云:「明本『殄』作『乏』,似是。」〔註14〕今檢《玉海》、《通志》、《瞥記》、《五倫書》、《經濟類編》、《繹史》等書引《國語》字作「殄」,而《皇王大紀》、《通鑑外紀》以及清皮錫瑞(1850~1908)《左傳淺說》引字作「乏」。《皇王大紀》、《通鑑外紀》皆爲北宋前期人物所纂,而《玉海》、《通志》則爲南宋著作,一作「殄」,一作「乏」,明所據不同。《說文·歺部》:「殄,盡也。」《說文·正部》引《春秋傳》曰:「反正爲乏。」〔註15〕唐釋玄應《一切經音義》卷二一「匱乏」注云:「乏,少也。」又卷二五「無乏」注云:「暫無名乏,闕少也。」《月令》「振乏絕」孔穎達(574~648)疏引蔡氏云:「暫無曰乏。」〔註16〕是「殄」、「乏」義亦相近,但「殄」強調的是終極結果與狀態,而「乏」則是暫時性性狀,又審「殄」作「盡」、「絕」之義比「乏」應用廣泛且時代早很多。或當依此釐作「殄」。

18.【注】柳下惠也字季禽

【按】許本「季」作「子」,或爲「季」字脫誤。《說文·子部》:「季,少偁也。从子,从稚省,稚亦聲。」〔註17〕

19.【注】司主也主疆場吏也不能事故構我也

【按】童本「疆」作「彊」,「構」作「搆」。審《異體字字典》引《龍龕

〔註12〕 (明)穆文熙:《國語評苑》卷二,本卷頁26。

〔註13〕 (日)林信勝點校:《國語》卷四,京都大學圖書館藏批校本,本卷頁5。

〔註14〕 (日)秦鼎:《春秋外傳國語定本》卷四,本卷頁4。

〔註15〕 (漢)許慎:《說文解字》,頁85下、頁39上。

〔註16〕 (唐)釋玄應:《一切經音義》,上海古籍出版社2002年輯印《續修四庫全書》第198冊,頁238下、頁287上。(清)阮元校刻:《十三經注疏》,頁1363中。

〔註17〕 (漢)許慎:《說文解字》,頁310上。

手鑒》字作「構」，下構件即「冉」字，「冉」、「冉」同字，則童本之「構」或亦「構」字「冉」上一橫未能出欄而譌作，活字本字即作「構」。

惠批：「抄本無此七字。」黃刊明道本及其覆刻本、寶善堂本、《補正》、《詳注》、《四部備要》本、《叢書集成初編》本、上古本注文無「不能事故構我也」七字，與惠氏所謂抄本同。《集解》注從公序本。審韋注中多有引申語義者，則公序本注文有此七字固是。

20. 敢犒輿師（輿眾也）

【按】惠批：「輿，車也。師以輿爲主，故云輿師。」朱駿聲《說文通訓定聲》亦以此處之「輿」爲「車輿」之輿。《左傳・成公二年》「無令輿師淹於君地」杜注：「輿，眾也。」〔註18〕或即本韋注。俞樾亦謂「輿」當訓「眾」。《說文・車部》：「輿，車輿也，從車舁聲。」《說文・舁部》：「舁，共舉也。」〔註19〕故朱駿聲謂：「舁，轉注爲眾意，經傳皆以輿爲之。」〔註20〕是「輿」兼「車輿」、「輿眾」二義。凡從「舁」之字，行爲狀態皆非一己可以完成者，故有「眾」義。韋、杜訓「輿」爲「眾」不誤。

21. 【注】鞭官刑扑教刑

【按】張一鯤本、《國語評苑》、童本、綠蔭堂本、董增齡本、道春點本、千葉玄之本、正文及注「扑」作「朴」，「木」、「扌」版刻中形近易混作。王鐸批校本改「朴」作「扑」。千葉玄之云：「『鞭朴』之『朴』，華本作『扑』。」〔註21〕秦鼎云：「『扑』，舊作『朴』，今從盧本。」〔註22〕秦鼎本已據盧本等改字作「扑」。錢大昕《十駕齋養新錄》卷二有「朴」字條考辨頗詳，引如下：

瞿中溶云：《禮經》「朴」字，《鄉射篇》凡十五見，「取朴」一、「倚朴」一、「去朴」六、「搢朴」六、「與朴」一。《大射篇》凡廿一見，「取朴」一、「去朴」七、「搢朴」九、「倚朴」三。石經初刻並從「木」，後磨改從「才」。

〔註18〕（清）阮元校刻：《十三經注疏》，頁 1894 中。

〔註19〕（漢）許慎：《說文解字》，頁 301 上、頁 59 下。

〔註20〕（清）朱駿聲：《說文通訓定聲》，武漢市古籍書店 1983 年影臨嘯閣本，頁 418 下。

〔註21〕（日）千葉玄之校刻：《韋注國語》卷四，本卷頁 8。

〔註22〕（日）秦鼎：《春秋外傳國語定本》卷四，本卷頁 6。

其有未經磨改而作「扑」者，皆朱梁補刻。案：古無「扑」字，《說文·木部》「朴」訓「木皮」。鄭注「取朴」云：「朴，所以撻犯教者。」蓋古人止用木皮撻人，以爲教學之刑，其物即名之曰「朴」。《虞書》所謂「朴作教刑」是也。後人緣「朴」有「撻」意，遂改从「手」。張參知「朴」不从「手」，故《五經文字·手部》不收此字（《木部》亦不收「朴」字，則其遺漏也）。《九經字樣》乃收之。則此磨改之弊，或即出於唐元度之手。今本皆沿其謬矣（石經《周禮·司市》「大刑朴罰」，「朴」字尚从「木」旁，此元刻之僅存者）。〔註 23〕

又清周用錫《尚書證義》卷一云：「『扑』當作『朴』。今《周禮·司市》大刑朴罰，尚从木旁。蓋朴爲木皮，故《射禮》有『取朴』、『搢朴』、『倚朴』、『朴以撻人』，後人因改木旁从手，不知古無『扑』字，諸經皆爲『朴』也。」〔註 24〕若錢大昕等考辨不誤的話，則《國語》各本字當統一釐作「朴」。

22. 重館人告曰

【按】韋注謂「重館人」爲「守館之隸」。惠批：「重館人，《荀子》所謂御旅也。」《荀子·榮辱篇》：「或監門御旅，抱關擊柝，而不自以爲寡。」楊注云：「監門，主門也。御讀爲迓。迓旅，逆旅也。抱關，門卒也。擊柝，擊木，所以警夜者。」〔註 25〕董增齡引惠士奇（1671～1741）曰：「古之賓客不舍於庶民之家。『人』爲官名，貴非大夫，賤不至隸。且館者，候館也。周制『置有寓望』謂寄寓之樓可以觀望，亦曰候館。館有積，遺人掌之，其官中士、下士。而賓客羈旅，則委人以甸稍之，畜聚供之，凡軍旅之賓客館焉。臧文仲卿也，卿行旅從，非所謂軍旅之賓客。與委人之官、與遺人等。然則重館人者，委人也。」董以惠說「理或然也」。〔註 26〕惠氏父子之說皆可補充韋注。

〔註 23〕　（清）錢大昕：《十駕齋養新錄》，上海書店 1983 年版，頁 24。

〔註 24〕　（清）周用錫：《尚書證義》，上海古籍出版社 2002 年輯印《續修四庫全書》第 48 冊，頁 86 下。

〔註 25〕　（戰國）荀子撰，（唐）楊倞注，耿蕓點校：《荀子》，上海古籍出版社 1996 年版，頁 32。

〔註 26〕　（清）董增齡：《國語正義》卷四，本卷頁 13。

23. 【注】觀駢脅也

【按】惠批：「駢，抄本作『骿』。」活字本、黃刊明道本及其覆刻本與惠氏所謂抄本同。「駢」、「骿」音同可通。拙著《〈國語補音〉異文研究》有詳辨，可參。

24. 皆將爭先晉不以故班

【按】許本、《鈔評》「爭先」作「事於」。審《冊府元龜》卷二四二引作「爭先」。今各本斷句，「晉」字屬下。若照許本、《鈔評》文字，則「晉」字當屬上，非不可通。然上文既有「皆欲親晉」之言，故此處似不當有「事於」二字，許本、《鈔評》恐誤。

惠批：「不以班之長弟，故云不以故班。」又批：「原校本仍作『故』。」惠氏云原校本仍作「故」者，審黃刊明道本及其覆刻本、寶善堂本等字作「固」，是相對於其所據本有作「固」者而言。這裏所謂的「原校本」當即指陸敕先校本。「故」、「固」音同可通，《札記》已揭出。

25. 【注】章著也

【按】許本「著」作「箸」。本行金李本 19 字，丁跋本移下行「境」字入本行行末。此「境」字許本未改。

活字本、黃刊明道本及其覆刻本、《補正》、《詳注》、《集解》、《四部備要》本、《叢書集成初編》本、上古本「著」作「明」。「著」、「明」義近似。汪遠孫《攷異》謂公序本作「箸」，或即據許本爲說。上古本則謂公序本作「著」，當是據金李本等爲說。故訓中「章，明也」、「章，著也」皆較普遍，以中國基本古籍庫粗略統計，「章，明也」502 條記錄，「章，著（箸）也」84 條記錄。且先秦傳世文獻中「章」字故訓，也是「明」、「著」兩存。就《國語》而言，黃刊明道本韋注「章，明也」、「章，著也」故訓各 4 見，公序本則「章，明也」3 見，「章，著也」5 見。或亦當各依所本，不必統一。

26. 【注】東門城東門也

【按】許本無「也」字，當係脫漏。

27. 【注】殷寘水死周棄山死是也

【按】童本「寘」誤作「臭」。遞修本、活字本、張一鯤本、文淵閣本、

黃刊明道本及其覆刻本、董增齡本等「宾」作「冥」，詩禮堂本作「冥」，千葉玄之本作「冥」，秦鼎本作「宾」。「宾」、「冥」、「冥」、「宾」皆當爲「冥」字之俗。

28. 【注】高圉大王也

【按】許本「圉」作「圄」。

29. 共工氏之伯九有也（共工氏伯者在戲農之閒有域也）

【按】惠批：「共工氏伯者，名戲、弘農之間有城。宋本注如是。」又批：「一本同，刻本惟『域』作『城』，各本皆同，惟此刻本爲正。」「城」、「域」形近易混作。黃丕烈《札記》謂當依別本作「在戲」、「有域」，汪遠孫亦以公序本爲是，明道本爲非，與惠氏觀念不同。「有」、「域」古通，故當作「域」字。惠批「名」或「在」字之譌，「弘」字爲後人所加，非必原本如此。《補正》、《集解》已改字作「域」，且去「弘」字。《文章正宗》卷五引與公序本同。又宋陳元靚《歲時廣記》卷一四、明杜應芳《補續全蜀藝文志》卷二八引「九有」前增「有」字，或引用時增字，非必有所本。

《禮記・祭法》「伯」作「霸」，「伯」、「霸」二字音同義通，拙稿《〈國語・魯語上〉「海鳥曰爰居」篇、〈禮記・祭法〉比勘》有詳辨〔註27〕，可參。

又活字本、董增齡本、寶善堂本等「閒」作「間」。

30. 其子曰后土能平九土（其子共工之裔子句龍地佐黃帝……）

【按】許本、秦鼎本「九土」之「土」作「圡」，黃刊明道本及其覆刻本「九土」之「土」作「圡」、「佐」作「佐」。活字本、《國語評苑》「后土」之「土」作「圡」。「佐」爲「佐」字別體。

許本、黃刊明道本及其覆刻本、《補正》「句」作「勾」。「句」、「勾」同，詳見拙著《小學要籍引〈國語〉研究》。

金李本、詩禮堂本注文「地」字爲「也」字之誤，《國語》其他各本字皆作「也」。

〔註27〕拙稿《〈國語・魯語上〉「海鳥曰爰居」篇、〈禮記・祭法〉比勘》，《古文獻研究集刊》第 6 輯，頁 319～348。

崇文本、寶善堂本「佐」誤作「作」，活字本「黃」誤作「皇」。

31. 堯能單均刑法以儀民（……均平也）

【按】許本注「均」作「坾」，「坾」構件「止」當爲「土」字之譌。

32. 【注】謂放桀扞大患也

【按】許本「扞」作「捍」。「扞」、「捍」二字實當爲異體字，段玉裁云：「『扞』字亦作『捍』。」〔註28〕拙著《小學要籍引〈國語〉研究》有辨，可參。《文章正宗》、《禮書綱目》等引字皆作「扞」。

33. 稷勤百穀而山死（稷周棄也勤播百穀死於黑水之山毛詩傳云）

【按】童本注「穀」作「穀」，吳勉學本作「穀」。「穀」、「穀」異體字，「穀」爲形近譌字。《國語》各本中多處「穀」誤作「穀」。惠批：「稷死於黑水之山，不見毛《傳》。」千葉玄之亦云「未審」。清初學者陳啓源《毛詩稽古編》亦謂毛《傳》「今無之，亦不知何篇之傳」。清人朱亦棟《群書札記》卷一謂：「今《毛詩傳》無此語，不知韋注何所本也。」〔註29〕董增齡《國語正義》云：「《詩‧生民》毛《傳》：『姜姓也，后稷之母配高辛氏，帝焉。』《史記‧周本紀》：『周后稷名棄，其母有邰氏女曰姜原，姜原爲帝嚳元妃，姜原出野，見巨人跡，心欣然說踐之，而身動如孕者，居期而生子，以爲不祥，初欲弃之，因名曰弃。弃爲兒時，好種樹麻、菽，及爲成人，遂好耕農，相地之宜。宜穀者稼穡焉。民皆法則之。帝堯聞之，舉弃爲農師。舜封弃於邰，曰后稷。』又《春秋緯》：『少昊傳八世，顓頊傳九世，帝嚳傳十世。』則堯非嚳子，稷又年少於堯。則姜嫄不得爲嚳妃。鄭《志》：『當堯之時爲高辛氏世妃，謂爲其後世子孫之妃也。』與毛《傳》、《史記》異也。《集解》引《山海經‧大荒經》：『黑水、青水之間有廣都之野，后稷葬焉。』皇甫謐曰：『冢去中國三萬里。』《夏本紀》『華陽黑水惟梁州』《正義》引《括地志》：『黑水源出梁州城固縣西北大山。』『黑水西河惟雍州』《索隱》引鄭玄引他說云：『三危山，黑水出其南。』又引《地記》曰：『三危山在鳥鼠之西南。』齡謂：《大荒經》所紀稷葬界太遼遠，殊不足據。后稷封邰，邰在雍州

〔註28〕 （清）段玉裁：《說文解字注》，頁609下。
〔註29〕 （清）朱亦棟：《群書札記》，上海古籍出版社2002年輯印《續修四庫全書》第1155冊，頁11上。

境，則黑水之山當以三危爲是。」〔註30〕以爲疏證。然於韋注所云「《毛詩傳》云云」者，仍付闕如。汪遠孫《發正》亦謂：「毛《傳》無此文，《海內經》：『黑水之閒有都廣之野，后稷葬焉。』」〔註31〕未審是韋昭誤記還是載籍傳播中有脫漏。

34. 故有虞氏禘黃帝而祖顓頊郊堯而宗舜

【按】凡從「示」部之字，道春點本絕大多數、活字本一部分「示」字誤作從「衣」。惠批：「吳蜀諸儒猶用舊注，魏之王肅已改師法矣。何晏、王弼又闌入異端。」拙稿《〈國語・魯語上〉「海鳥曰爰居」篇、〈禮記・祭法〉比勘》引述各家以明其原始，可參。

35. 【注】上甲微契後八世湯之先也

【按】童本、《國語評苑》「微」多作「微」。「微」爲「微」俗字，《字彙》已收之。又《孔子家語・論書第二》王肅（195～256）注與韋昭注同。

36. 民所以瞻仰也

【按】許本「瞻」作「詹」。《說文・八部》：「詹，多言也。」《目部》：「瞻，臨視也。」〔註32〕是《說文》釋義不同，但是故訓中亦多謂「詹」、「瞻」通用。許本實以「瞻」之聲符字爲古字。

37. 【注】講論也仁者心平故可論功也

【按】童本「講」作「講」，與上「構」字之理同。活字本正文及注字皆作「講」。

38. 廣川之鳥獸恒知而避

【按】惠批：「抄無『而』字。」黃刊明道本及其覆刻本、寶善堂本等與惠氏所說抄本同。又活字本「獸」作「獸」，《鈔評》作「獸」。

39. 【注】公孫敖之子文伯穀也

【按】惠批：「宋本無文。」黃刊明道本及其覆刻本、寶善堂本等與惠氏

〔註30〕　（清）董增齡：《國語正義》，本卷頁20～21。
〔註31〕　（清）汪遠孫：《國語發正》，道光丙午振綺堂本，本卷頁9。
〔註32〕　（漢）許慎：《說文解字》，頁28上、頁72上。

所謂宋本同。惠氏忽而抄本、忽而宋本，乃所據有刊本歟？自惠棟以來校勘家言《國語》明道本，忽而宋本，忽而明道本，忽而抄本，忽而校本。至於秦鼎、林泰輔等簡稱「明道本」爲「明本」，又別稱「宋本」，異稱多有，不但不同的學者稱謂不同，同一學者同一部著作中稱謂也不一樣，主要原因在於明道本的流傳過程的不清晰。

40. 將易而次為寬利也

【按】惠批：「抄無『也』。」黃刊明道本及其覆刻本、寶善堂本等與惠氏所謂抄本同。《鈔評》「寬」作「寬」。

41. 【注】亦謂之欲利子於外之寬地

【按】許本「地」作「也」。審上文「吾欲利子於外之寬者（於外寬地以利子也）」，則知許本本處「也」字當爲「地」字之誤。

《御覽》卷一八○引注文「寬」後爲「者也」二字，亦通。

42. 嘗禘烝享之所致君胙者有數矣

【按】許本「享」作「亯」。《鈔評》「數」作「数」，「所」作「所」。審《鈔評》「所」字皆寫作「所」，《干祿字書》：「所所，上俗下正。」〔註33〕

43. 【注】祫祭先君於太廟升羣廟

【按】活字本、丁跋本、童本「羣」作「群」。

44. 【注】逆祀者先禰而後祖也

【按】童本「禰」作「禰」。童本以「爾」爲構件之字，「爾」字多作「尒」。「尒」爲「爾」字之俗，《異體字字典》失收，當補。

45. 【注】宗有司宗官司事臣也非昭穆謂非昭穆之次也

【按】惠批：「原校本四字不刊。」黃刊明道本及其覆刻本、寶善堂本、《補正》、《四部備要》本與惠氏所謂原校本同，上古本、《集解》補「非昭穆謂」四字。

〔註33〕 施安昌編：《顏真卿書干祿字書》，頁36。

46. 世之長幼而等胄之

【按】童本「幼」誤作「幻」，二字形近易混作。活字本、《鈔評》字作「幼」，「刀」、「力」形近混作。元李文仲《字鑑》已收「幼」字，謂爲「幼」字之俗。

47. 【注】既立僕又愛季它而黜僕僕故殺紀公也

【按】童本脫一「僕」字。黃刊明道本及其覆刻本、寶善堂本、《四部備要》本、《叢書集成初編》本、上古本「它」作「佗」、「殺」作「弑」。《補正》、《詳注》、《集解》「殺」亦作「弑」。凡明道本「弑」字，公序本多作「殺」，這也是《國語》公序本、明道本的區別特徵之一。關於《國語》各本「殺」、「弑」的具體情形，可參拙著《〈國語補音〉異文研究》。《說文·殺部》云：「弑，臣殺其君也。」段注云：「經傳『殺』、『弑』二字轉寫既多譌亂，音家又或拘泥，中無定見，多有『殺』讀『弑』者。按述其實則曰殺君，正其名則曰弑君。《春秋》，正名之書也，故言『弑』不言『殺』。三《傳》，述實以釋經之書也，故或言『殺』，或言『弑』，不必傳無殺君字也。許釋弑曰臣殺君，此可以證矣。」〔註34〕馬敘倫疑《說文》篆並說解皆非《說文》本文，實出《字林》，審鈕樹玉（1760～1827）亦謂此字疑後人增，云：「隸書『殺』爲『㦇』，見《曹全碑》，後人或因改爲『弑』耳。」〔註35〕李人鑒（1914～2004）通過對《春秋》、《史記》等書的考查，也認爲：「『弑』字大約是西漢末年纔被創造出來的。」〔註36〕張舜徽（1911～1992）則云：「『弑』固『殺』之晚出，然兩漢之世，通行已久。」〔註37〕字固是詞的記錄形式，語言中蓋先有其詞，則復有該詞之記錄形式。故「弑」字或兩漢所出，而原其觀念，歷史恐更爲久遠，非僅漢世始產生者。要之，「弑」這一觀念與文字既存在，則當依明道本字統一釐作「弑」。

48. 【注】僕人見公書以大子殺父大逆故更之

【按】許本「大子」之「大」作「太」。

〔註34〕（清）段玉裁：《說文解字注》，頁 120 下。

〔註35〕轉引自李圃主編《古文字詁林》第三冊，上海教育出版社 2004 年版，頁 574。

〔註36〕李人鑒：《「弑」字考》，江蘇省語言學會主編《語言研究集刊》（第二輯），南京：江蘇教育出版社 1988 年版，頁 303～325。

〔註37〕張舜徽：《說文解字約注》卷六，鄭州：中州書畫社 1983 年版，頁 46。

49.【注】財寶也

【按】惠批：「抄本『玉』。」遞修本、活字本、張一鯤本、詩禮堂本、遞修本、文淵閣本、文津閣本、道春點本、千葉玄之校本、秦鼎本、黃刊明道本及其覆刻本、董增齡本與惠氏所謂抄本同。就文義而言，「玉」較「財」更能彰顯「寶」義。

50. 宣公夏濫於泗淵

【按】許本凡「淵」字皆作「困」，《說文》收「困」字，謂爲「淵」之古文。

51.【注】罟網也

【按】許本「網」率作「网」。

52. 水虞於是乎講罛罶

【按】惠批：「《說文》引《國語》『溝罛罶』，『罶』即『罶』字，力九切。」「罛」即「罛」，辨詳見拙著《小學要籍引〈國語〉研究》。

53.【注】魚陟負冰故令國人取之

【按】許本「冰」皆作「仌」，活字本、張一鯤本、《國語評苑》、童本、道春點本、千葉玄之校本、秦鼎本作「氷」。詩禮堂本「氷」誤作「水」。《說文‧仌部》：「仌，凍也。象水凝之形。」「冰，水堅也。从仌从水。」徐鉉云：「今作筆陵切，以爲『冰凍』之『冰』。」〔註38〕「氷」字爲「冰」俗字。

54. 水虞於是乎禁罝麗

【按】惠批：「《說文》曰：『罝麗，魚罟也。』抄本有『罩』字。」黃刊明道本及其覆刻本、寶善堂本等與抄惠氏所云本同。劉台拱《補校》云：「『罝』字涉上文誤衍，韋注『罝當作罛』，此後人因誤文而竄增者。《說文》：『罛麗，魚罟也。』《廣韻》同。下文云：『今魚方別孕，不教魚長，又行罛罶』，『罛』即『罛』字之譌，補音本作『網罟』，非。」〔註39〕上文「水

〔註38〕 （漢）許慎：《說文解字》，頁240下。
〔註39〕 （清）劉台拱：《國語補校》，《清經解續編》卷二百八，頁985上。

虞於是乎講」、「獸虞於是乎禁」，「講」、「禁」之後皆跟二音節賓語，則此處
亦當作「水虞於是乎禁」，「禁」後亦當跟二音節者，故劉氏言是。王引之
云：「上云『講眾罶』，此云『禁罜麗』，互文也。言『講眾罶』，則罜麗亦在
所講可知；言禁罜麗，則眾罶亦在所禁可知。不得復舉眾字遺卻罶字而云禁
眾罜麗也。《舊音》不云『罟』，依注『音孤』。則所見《國語》正文無『罟』
字、注文亦無『罟當作眾』之語明甚。」〔註40〕是王氏以《國語》原本作
「罜麗」，不作「罟麗」。恩田仲任則云：「罟，兔网也。麗，魚罶也。不必改
作『罜麗』。」〔註41〕黃模《補韋》云：「罟兔罶，水虞安得禁之？」〔註42〕
與恩田之說同。二氏之說雖然具體文字上和王說不同，其主要觀點則無區別。
審《魯語》本文云：「獸虞於是乎禁罟羅，猎魚鱉。」獸虞可「猎魚鱉」，則
水虞可「設窜鄂」，這是相同的。但是上文獸虞所禁者為「罟羅」，則此處水
虞所禁者不當含有「罟」字。或當如王引之說改作「罜麗」。又《國語》各本
「罜」、「罜」雜出不別。《說文·网部》：「罜麗，魚罶也。」〔註43〕「罜」字
晚出，《玉篇》、《廣韻》等皆釋作動詞，則字當以「罜」為是，作「罜」者屬
形近而誤。

55. 【注】罜罜麗小網也

【按】許本「罜」誤作「罜」，「網」率作「网」。

56. 且夫山不槎蘗

【按】惠批：「《漢書·貨殖傳》『山不茬蘗』師古曰：『茬，古槎字。』」
時惠氏引顏注以廣之。「槎」、「茬」字亦作「查」、「楂」等，辨詳見拙著《小
學要籍引〈國語〉研究》。

57. 【注】未孚曰卵

【按】惠批：「孚作乳。」活字本、黃刊明道本及其覆刻本、寶善堂本、
《補正》、《四部備要》本、《叢書集成初編》本、上古本字作「乳」，《詳
注》、《集解》則從公序本作「孚」。《說文·爪部》：「孚，卵孚也。」《乚部》：

〔註40〕　（清）王引之：《經義述聞》卷二○，頁 492 上。
〔註41〕　（日）恩田仲任：《國語備考》，頁 6。
〔註42〕　（清）黃模：《國語補韋》卷二，開封鑑古齋 1935 年刊本，本卷頁 3。
〔註43〕　（漢）許慎：《說文解字》，頁 157 下。

「乳，人及鳥生子曰乳，獸曰產。从孚从乙。」〔註44〕高田忠周則以「孚」
爲「保」之初文。又林義光謂「乳」象哺乳之形，徐中舒（1898～1991）謂
《說文》「乳」字字形分析亦不確。〔註45〕即「从孚」，義亦當與「孚」同源。
就傳統字書的解釋而言，《說文》「孚」字之義固是。「孚」即「孵」字。「乳」
則爲哺乳動物性能。故字以作「孚」更合。

又《鈔評》「卵」正文作「夘」，亦「卵」字之俗。

58. 又行網罟貪無蓺也（……蓺極也）

【按】許本字作「网」、「埶」，《鈔評》作「埶」，丁跋本正文字作「埶」，
吳勉學本、詩禮堂本、千葉玄之校本字誤作「蓻」，此處正字當作「埶」、
「蓺」、「藝」。拙著《〈國語補音〉異文研究》對「蓻」、「蓺」之別有詳辨，
可參。

59. 有司藏之使吾無忘諗

【按】惠批：「許愼：『諗，深諫也。』」韋注云：「諗，告也。」「深諫」
亦「告」義，然《說文》之釋似更貼切。《鈔評》「藏」作「藏」。

60. 【注】聲伯之外妹也

【按】童本「妹」作「姝」，「姝」當爲「妹」字之誤。

61. 歸鮑國謂之曰子何辭苦成叔

【按】金李本本行 19 字，許本、童本 20 字。《鈔評》「歸」字作「歸」。

62. 【注】兩國晉魯也

【按】童本「國」作「国」。

63. 譬之如疾余恐易焉（疾疫癘也）

【按】童本「疾」作「疾」，「矢」、「失」形近易混。

黃刊明道本及其覆刻本、寶善堂本、《補正》、《集解》、《四部備要》本、
《叢書集成初編》本、上古本「癘」作「厲」。段玉裁云：「古義謂惡病，

〔註44〕（漢）許愼：《說文解字》，頁 63 上、頁 246 下。
〔註45〕李圃主編：《古文字詁林》，第 3 冊，頁 331～333；第 9 冊，頁 453。

包內外言之。今義別制『癩』字訓爲『惡瘡』，訓『癘』爲『癘疫』，古多借『厲』爲『癘』。」〔註46〕是「厲」、「癘」古今字，從示義角度考慮，作「癘」更合。

64. 【注】釁兆也言鮑氏若有禍兆吾不能豫圖之

【按】許本「禍兆」作「禍釁」，前即釋「釁」爲「兆」，此處宜作「兆」字。

又活字本、黃刊明道本及其覆刻本、寶善堂本等「豫」作「預」，「豫」、「預」皆可通。詳見拙著《小學要籍引〈國語〉研究》。

65. 【注】稂童稂也

【按】「童稂」之「稂」，許本作「梁」，活字本字皆誤作「粮」，又《鈔評》本處字亦誤作「粮」。照韋注「似稷而實」的解釋，則活字本、許本、《鈔評》字皆誤。

〔註46〕 （清）段玉裁：《說文解字注》，頁 350 下。

魯語下第五

1. 叔孫穆子聘於晉

【按】丁跋本眉批：「見《內傳》。」在成公十七年《左傳》，董增齡《正義》已疏證之。詩禮堂本、千葉玄之校本「晉」作「晉」，《國語評苑》、《鈔評》作「晋」，「晉」皆「晉」字之別體。

2. 【注】大雅之首文王之三也

【按】丁跋本「之三」之「三」作「一」，道春點本、千葉玄之校本作「二」，「一」、「二」皆爲「三」字之誤作。

3. 【注】人自習修其業

【按】丁跋本、《國語評苑》、詩禮堂本、薈要本、文津閣本「修」作「脩」。

又「肄業及之」之「肄」，活字本正文及注皆誤作「隸」。

4. 臣問之曰懷和為每懷

【按】惠批：「抄本無『懷』。」即無「懷和」之「懷」字，黃刊明道本及其覆刻本、寶善堂本、《補正》、《詳注》、《四部備要》本、《叢書集成初編》本與惠氏所云抄本同，汪遠孫《攷異》以明道本脫「懷」字，是。上古本、《集解》增補「懷和」之「懷」。

又多本以「和」當作「私」，「口」、「厶」經常混作，或因此而混誤「私」

爲「和」。

又《鈔評》「懷」作「**懷**」，「**懷**」亦「懷」字俗寫形式。

5. 【注】季文子之子季孫夙也

【按】許本「夙」作「宿」，《左傳・哀公十五年》即作「宿」，則許本遵《左傳》而爲字。《御覽》卷二九八引《國語》字亦作「夙」。張澍（1776～1847）《養素堂文集》卷三二《魯大夫名字釋》云：「公孫宿字成。『宿』與『夙』通。夙成者，早成也，言幼有成人之度。又宿，風姓小國。字成，秉國之成也。」〔註1〕可以備說。

6. 【注】周禮軍將皆命卿

【按】童本「禮」作「礼」。語見《周禮・夏官・司馬》。黃刊明道本及其覆刻本、寶善堂本、《補正》、《詳注》、《四部備要》本、《叢書集成初編》本「軍將」作「將軍」，《集解》、上古本則改作「軍將」。

7. 【注】禮樂征伐自天子出

【按】許本「出」下有「空」字，不辭。「空」字當爲衍文。

8. 【注】以從大國諸矦也

【按】許本「國」字下有「之」字。審《御覽》卷二九八、《禮書綱目》卷七二引亦無「之」字。明人湛若水（1466～1560）《格物通》卷七二引則有「之」字，則《格物通》所據之本與許本所本同。有無「之」字皆通。

9. 【注】涇水名也濟度也

【按】活字本、許本、詩禮堂本、薈要本、文淵閣本、黃刊明道本及其覆刻本、董增齡本、秦鼎本、高木本「度」作「渡」，「度」、「渡」皆可通，正當作「渡」。

10. 【注】深則厲淺則揭

【按】許本「厲」作「砅」。清陳壽祺（1771～1834）《齊詩遺說考》卷

〔註1〕 （清）張澍：《養素堂文集》，上海古籍出版社 2002 年輯印《續修四庫全書》第 1507 冊，頁 100 上。

一即謂：「深則砅，淺則揭。」〔註2〕《說文·水部》：「砅，履石渡水也。从水从石，《詩》曰：『深則砅。』濿，砅或从厲。」〔註3〕是「砅」與「濿」同。陳氏云：「《說文》引《詩》『深則砅』，此據《齊詩》之文。重文作『濿』者，《魯詩》也。何以驗之？劉向世傳《魯詩》，《楚詞·九嘆》云：『櫂舟舫以橫濿兮。』又云：『橫汨羅以下濿。』字並作『濿』，是本《魯詩》『深則濿』之語。《尒疋》『以衣涉水曰厲』《釋文》云：『本作濿。』《尒疋》亦魯詩之學也，毛、韓同作『厲』。則『砅』字爲《齊詩》無疑。」〔註4〕

又道春點本「深」作「㴱」，「㴱」亦「深」字之別體。

11. 叔嚮還召舟虞與司馬

【按】活字本、許本、黃刊明道本及其覆刻本、寶善堂本、《補正》、《詳注》、《集解》、《四部備要》本、《叢書集成初編》本、上古本「嚮」作「向」，閔齊伋本眉批云：「嚮、向同，或作向。」〔註5〕《鈔評》「嚮」作「嚮」，古書中最上有點之字往往也以「、」省掉出之，如「寫」亦作「寫」，「富」作「冨」，拙著《〈國語補音〉異文研究》於此亦有論述，可參。

又《國語》多本「退」字作「退」。「退」爲《說文》古文「退」之直接楷化字，「退」爲隸定字。

惠批：「舟虞當在《冬官》。」審《考工記》唯云「作舟以行水」，是非掌舟者。先秦文獻中唯《呂氏春秋·上農篇》「澤非舟虞，不敢緣名，爲害其時也」、《魯語上》本篇，不見於其他先秦傳世文獻，董增齡《正義》即引高誘注爲釋。惠氏或據《考工記》文而云「舟虞當在《冬官》」。

12. 【注】可以度水也

【按】活字本、許本、詩禮堂本、薈要本、文淵閣本、文津閣本、黃刊明道本及其覆刻本、董增齡本、秦鼎本「度」作「渡」。

13. 【注】襄公魯成公之子襄公午也

【按】許本「午」誤作「王」。

〔註2〕（清）陳壽祺：《齊詩遺説考》，上海古籍出版社2002年輯印《續修四庫全書》第76冊，頁352上。
〔註3〕（漢）許慎：《説文解字》，頁233下。
〔註4〕同上，頁352下。
〔註5〕（明）閔齊伋裁注：《國語》卷二，本卷頁15。

14. 【注】名謂為大國有盟主之名

【按】許本「之名」作「之行」。審《冊府元龜》卷七四一引字亦作「名」，且此注文即爲釋正文「爲其名與其眾也」之「名」的，注文前即謂「名謂」，則許本「行」當爲「名」字之誤。

15. 王大子又長矣

【按】許本、黃刊明道本及其覆刻本「大」作「太」。

16. 【注】季武子襲之以自予

【按】惠批：「宋本『予』作『號』。」黃刊明道本及其覆刻本及其覆刻本、寶善堂本、《四部備要》本、《叢書集成初編》本字與惠氏所謂宋本同。「自予」者，予己也，當以作「予」字爲是。恐黃刊明道本及其覆刻本、寶善堂本「號」字非，《補正》、《詳注》、《集解》、上古本改從公序本作「予」。

17. 【注】言魯者季氏專魯國

【按】童本「國」作「国」。

18. 【注】成伯魯大夫聲伯之子名欒

【按】童本「欒」作「栾」。蔡信發云：「『栾』字見《四聲篇海·木部》，曰：『音欒。』《宋元以來俗字譜·木部》引〈太平樂府〉則以爲『欒』之異體，《字彙·木部》、《正字通·木部》亦以爲『欒』之俗字。按：『欒』從木䜌聲，而『䜌』爲聲符部件時，書家多省作『亦』，如『蠻』之作『蛮』、『鑾』之作『銮』者是，則『欒』之作『栾』，亦其例也，故可收。」〔註6〕亦可藉此見漢字簡化之跡。

19. 【注】必同心而守故言固矣

【按】丁跋本、許本、《鈔評》、董增齡本「矣」作「也」，俱可通。「固矣」，注文襲用原文之語；「固也」，陳述語氣。《國語》多本既作「矣」，或當從多本作「矣」。

〔註 6〕 蔡信發：「栾」字研訂說明，《異體字字典》在線版，http://dict2.variants.moe.edu.tw/variants/。

20.【注】攘卻也言楚亦將自置其同姓於魯

【按】丁跋本、許本、詩禮堂本、薈要本、道春點本、千葉玄之本、董增齡本、秦鼎本「卻」誤作「邵」，遞修本、活字本、黃刊明道本及其覆刻本、《補正》字作「卻」，「卻」、「卻」同字。

21. 襄公在楚季武子取卞使季冶逆（季冶魯大夫季氏之族子冶也逆迎也）

【按】丁跋本少「季氏」、「逆迎」四字，當為磨損。童本「冶」誤作「治」。

又「襄」、「魯」，《鈔評》字作「𧞤」、「𩇓」，審《鈔評》「襄」、「魯」絕大多數皆寫作「𧞤」、「𩇓」。

22.【注】璽印也古者大夫之印亦稱璽璽書璽封書也

【按】童本「稱」作「稱」，「禹」、「爾」形近混作。《字學三正》、《字彙》並收「稱」字，為「稱」字之俗

惠批：「案《補音》云：『下注五璽同，不當作『印』字。』」蓋黃刊明道本及其覆刻本「璽封」之「璽」作「印」，惠氏所見抄本或校本亦當作「印」，惠氏故云。活字本亦作「印」字。汪遠孫《攷異》則云：「『印』，公序本作『璽』。《攷正》云：『《補音》云：注五璽字。依字數之，則此璽字宋本作印是也。否則，成六矣。』」〔註7〕陳氏《考正》與惠氏之說不同，因下文尚有「此璽書之文」注，故不改此處「印」字為「璽」，如活字本、黃刊明道本及其覆刻本方應「五璽」之數，是惠氏誤。《補正》、《詳注》、《集解》皆從黃刊明道本，薈要本、文淵閣本、文津閣本、秦鼎本亦從明道本。

23. 卞有罪而子征之子之隸也

【按】許本「隸」作「隷」，《說文》字作「隸」，《五經文字》以「隷」為經典相承用字。活字本、吳勉學本、《鈔評》「隸」字左上構件「士」作「上」為「𨽻」，《玉篇》收「𨽻」字。陳新雄謂「𨽻」為「隸」字之變體，可從。

〔註 7〕 （清）汪遠孫：《國語明道本攷異》，頁 291。

24. 抑君也

【按】許本「抑」絕大多數寫作「抑」。簡宗梧云：「『抑』爲『抑』之異體。抑，《說文解字・卪部》篆體作『抑』，謂『按也，從反印。』另收俗字從手作『抑』，今隸從手爲『抑』。甲骨文有『抑』字，羅振玉《增訂殷虛書契考釋》云：『卜辭抑字從爪從人跽形，象以手抑人使之跽，其誼如許書之抑，其形則如許書之印。』又云：『印之本訓，既爲按抑，後世執政以印施治，乃假按印之印爲之，反印爲抑，殆出晚季所以別於印信字也。』《集韻・入聲・職韻》、《類篇・印部》、《正字通・卪部》等，皆收『印』之反寫，爲『抑』之異體。」〔註 8〕季旭昇亦謂：「抑，從爪（或又）在人上按抑之，當即抑之古文。」〔註 9〕是許本用古文。京都大學藏本批云：「抑君也，猶言『豈楚之君歟』。」〔註 10〕可以備說。

25. 【注】虎賁掌先後三而趨舍則守王閑在國

【按】遞修本、活字本、許本、張一鯤本、《國語評苑》、閔齊伋本、薈要本、文淵閣本、文津閣本、道春點本、千葉玄之本、董增齡本、秦鼎本「三」皆作「王」，是。金李本、詩禮堂本、《叢刊》本「三」字誤。

又活字本、黃刊明道本及其覆刻本、寶善堂本、《補正》、《集解》、《四部備要》本、《叢書集成初編》本、上古本等「王而趨」、「舍則守」之間有「以卒伍」三字，汪遠孫《攷異》謂公序本脫此三字，秦鼎本從明道本補，謂：「《周禮》原有之。」〔註 11〕言是。《格物通》卷五三、《禮書綱目》卷六一引《國語》無此三字，可見其所據本亦公序本中之闕此三字者，《詳注》注與公序本同。

26. 穆子曰非汝所知也

【按】許本「汝」作「女」。

27. 而國有罪我以貨私免

【按】許本、童本、《鈔評》「私」皆作「私」，「私」爲「私」俗字，《干

〔註 8〕 簡宗梧：「抑」字研訂說明，《異體字字典》在線版，http://dict2.variants.moe.edu.tw/variants/。

〔註 9〕 季旭昇：《說文新證》（下冊），頁 72。

〔註 10〕 （日）林信勝點校：《國語》，京都大學圖書館藏批校本，本卷頁 7。

〔註 11〕 （日）秦鼎：《春秋外傳國語定本》卷五，本卷頁 6。

祿字書》已言之，蔡信發謂「私」字之「厶」為於「厶」多加一「丿」，「恐是書家求其美觀變化而加之也，以其通行既廣且久，故字書乃以為『俗』也」〔註12〕，陸明君則以為：「因俗寫字中『口』與『厶』皆混用不別，為使『和』、『私』不混淆，故在『私』之右上增撇，同時也起到了使字形勻稱美觀的作用。」〔註13〕綜合二說，則「私」字非僅具美觀功能，亦具區別功能。許本不從古字而從俗，亦自亂其例。這大約是受時代用字習慣影響所致。

又《鈔評》「我」皆作「𢧵」，已見前文。

28. 且罪非我之由

【按】許本「罪」作「辠」。

29.（庇覆也）今既免大恥而不忍小忿可以為能乎乃出見之

【按】金李本本行多一字。《鈔評》「能」字作「𦞤」。

30.【注】次舍也雍俞晉地

【按】許木、《鈔評》、詩禮堂本、薈要本、文淵閣本、文津閣本、董增齡本、秦鼎本「雍」作「雝」。依例，當作「雝」，因正文字本作「雝」。活字本、黃刊明道本及其覆刻本正文、注文俱作「雍」。「雝」、「雍」二字通。

又《鈔評》「晉」字多作「晉」，下同。

31. 與邯鄲勝擊齊之左（邯鄲勝晉大夫趙旃之子須子勝也……）

【按】此處「左」字，許本未改。

惠批：「須，據《補音》，當作頃。」今所參《國語》各本中唯活字本、薈要本、文淵閣本、文津閣本、董增齡本作「頃」字，或皆據《補音》而改。載籍中記載頗少，故頗難定此二字之是非。就名字用字而言，恐當以「頃」字為是。《札記》引惠氏說，以「須」當作「頃」。汪遠孫《攷異》云：「各本作『須』，唯《補音》作『頃』。」〔註14〕是其未見活字本明矣。然活字本之

〔註12〕 蔡信發：「私」字研訂說明，《異體字字典》在線版，http://dict2.variants.moe. edu.tw/variants/。

〔註13〕 陸明君：《魏晉南北朝碑別字研究》，北京：文化藝術出版社 2009 年版，頁 188。

〔註14〕 （清）汪遠孫：《國語明道本攷異》，頁 291。

「頃」恐亦據《補音》而正，非必有《國語》文本之據。審《冊府元龜》卷六六三引作「頃」。又清人秦嘉謨輯補本《世本·趙氏》云：「穿生旃，旃生傾子勝，勝生午，午生稷。」所注材料來源中即有韋昭《國語注》、《春秋經傳集解》等。〔註15〕又白國紅《春秋晉國趙氏研究》、《名城邯鄲叢書》之《邯鄲之謎》作「傾子」〔註16〕，亦當本秦輯本《世本》。「頃」、「傾」音同。就《敦煌俗字典》所收「頃」、「須」等字看，二字混誤的幾率比較大。或因此而誤「頃」爲「須」。拙稿《〈國語補音〉異文研究》有詳說，可參。

又《鈔評》「鄲」字作「鄆」，「勝」作「脒」。「脒」當爲「勝」字之手寫體。「單」字宋元以來多寫作「单」，《宋元以來俗字譜》收之，今爲大陸規範字體。又審唐代書法家歐陽詢、褚遂良等「勝」字即寫作「**脒**」、「**脒**」、「**脒**」、「**脒**」等〔註17〕，此亦可見《鈔評》刻本用字之鑒賞價值。

32. 國（極至也）不敢憚其患而與晉共其憂亦曰庶幾有益於魯

【按】本行金李本22字，童本與許本同，故許本、童本、詩禮堂本三本本章與下章「季桓子穿井」章混而不別，未知確實是認爲不應分開，還是遷就版面。當從《國語》他本分開爲是。

又《鈔評》「憚」誤作「燀」。

33. 【注】或云得土如瓦缶狀中有土羊昭謂羊生羊也故謂之怪

【按】腳註惠批：「一本無『狀中』及『昭謂』以下十字。」又眉批：「羊，賓狗。陰民以黃羊祀竈烹狗也。」惠氏所謂一本者，當即指明道本抄本或校本，因黃刊明道本及其覆刻本、寶善堂本等即無此十二字。又黃羊祀竈見於《後漢書·陰識傳》。審《禮記·鄉射禮》云：「亨狗於東方，祖陽氣之發於東方也。」或惠說「烹狗」之所本。拙稿《〈白氏六帖事類集〉引〈國語〉校證》、《唐宋類書引〈國語〉研究》於《魯語下》本節有詳盡比勘，可參。

〔註15〕 （漢）宋衷注，（清）秦嘉謨等輯：《世本八種》，上海：商務印書館1957年版，頁170。

〔註16〕 白國紅：《春秋晉國趙氏研究》，北京：中華書局2007年版，頁199。《名城邯鄲系列叢書》編輯部：《邯鄲之謎》，北京：中國城市出版社2001年版，頁9。

〔註17〕 吳澄雷主編：《新編中國書法大字典》，頁171。

又活字本、《百家類纂》本、張一鯤本、吳勉學本、道春點本、千葉玄之本、秦鼎本「缶」作「𦈢」，「𦈢」亦「缶」之別體。

34. 木石之怪曰夔蝄蜽

【按】許本字作「罔兩」，注同。「蝄蜽」連綿詞，故無定形，又寫作「魍魎」、「蛧蜽」、「罔閬」、「方良」、「彷徨」、「方皇」、「罔蜽」等〔註18〕。而「罔兩」則純記音符號，未加形符者，故許本以之爲初文古字以用之。拙著《小學要籍引〈國語〉研究》有詳說，可參。

35. 【注】人面喉身

【按】遞修本、活字本、許本、張一鯤本、詩禮堂本等「喉」皆作「猴」，童本則與金李本同，是金李本、童本、《叢刊》本「喉」字爲「猴」字之誤。

又童本「面」作「靣」，如「回」與「囬」之例同。

36. 【注】或云獨足蝄蜽

【按】童本字作「網緉」，古書中未見有「網緉」二字連用者，當屬「蝄蜽」之誤。

37. 子夏聞之曰

【按】惠批：「《外傳》載子夏語。」京都大學藏本批云：「子夏葢嘉其辭稱先姑也。」〔註19〕

38. 公父文伯飲南宮敬叔酒

【按】許本「飲」率作「歠」，「歠」爲《說文》用字，「飲」爲經典相承用字。

39. 以露睹父爲客

【按】惠批：「露，鄭注《儀禮》引作『路』。」審《白氏六帖事類集》引《國語》字亦作「路」，「路」、「露」音同。又《鈔評》「睹」作「睹」。拙

〔註18〕 朱起鳳：《辭通》，北京：警官職業教育出版社1993年版，頁1532～1533。王煦《國語釋文》亦謂：「《周官》作『方良』，《莊子》作『罔兩』，《史記》作『罔閬』，俗作『魍魎』，亦同物也。」（氏著《國語釋文》卷二，本卷頁9）
〔註19〕 （日）林信勝點校：《國語》，京都大學圖書館藏本，本卷頁11。

著《〈國語補音〉異文研究》於「睹」、「睹」有詳辨，可參。

40. 康子在其朝

【按】丁跋本批：「季氏之朝也。」實本韋注而爲說也。

41. 懼干季孫之怒也

【按】童本「干」誤作「千」，丁跋本「干」誤作「于」。金李本「干」字亦類「千」，然審金李全本「干」字實皆與「千」相類而非「千」字。黃刊明道本及其覆刻本、寶善堂本等「干」作「忓」。《太平御覽》卷八六二、《孔子集語》卷九引字作「忓」，他本引字作「干」。《詳注》、《集解》從公序本作「干」。《說文·干部》：「干，犯也。」《說文·心部》：「忓，極也。」〔註20〕段注云：「極者，屋之高處。干者，犯也。忓者，以下犯上之意。」〔註21〕段玉裁所釋更爲貼切。「忓」既從「干」得聲，故「干」、「忓」義亦相通。

又黃刊明道本及其覆刻本、寶善堂本、《補正》、《四部備要》本、《叢書集成初編》「怒」作「怨」，汪遠孫《攷異》云：「公序本『怨』作『怒』，是也。」〔註22〕張以仁不言是非，恐亦以汪遠孫說爲是。活字本實字亦作「怒」，《詳注》、《集解》、上古本從公序本作「怒」。「怨」、「怒」皆爲心理情態動詞，《說文·心部》：「怨，恚也。」「怒，恚也。」〔註23〕是「怨」、「怒」形、義皆近，從二字在文獻中的常見用法來看，《國語》本處自以作「怒」字爲更合。

42. 是故天子大采朝日

【按】惠批：「孔晁曰：大采謂袞冕。」丁跋本批：「少采，黼衣也。」孔晁注出《禮記疏》且孔疏已云：「孔氏之說非也。」〔註24〕丁跋本批「少采，黼衣」亦孔晁注，出於《禮記疏》。

43. 【注】宣徧也序次也三君云

【按】丁跋本「君」誤作「羣」。

〔註20〕 （漢）許慎：《說文解字》，頁 50 上、頁 219 下。
〔註21〕 （清）段玉裁：《說文解字注》，頁 507 下。
〔註22〕 （清）汪遠孫：《國語明道本攷異》，頁 292。
〔註23〕 （漢）許慎：《說文解字》，頁 221 下。
〔註24〕 （清）阮元校刻：《十三經注疏》，頁 1473 中。

44.【注】保章氏與太史相儷偶也此因夕月而共敬觀天法考行度以知妖祥也

【按】童本「與」作「与」，「觀」作「观」。

又丁跋本「妖」誤作「沃」。

45. 糾虔天刑

【按】活字本、《百家類纂》本、《國語評苑》、吳勉學本、道春點本、千葉玄之本「糾」作「紏」。「糾」、「紏」異體字。

惠批：「曹大家曰『少采降之』是也，以秋分祀夕月，以迎陰氣也。裴松之引此注云『糾，察也』。」審《三國志》卷一「君糾虔天刑，章厥有罪」裴松之（372～451）注云：「『糾虔天刑』語出《國語》，韋昭注曰：『糾，察也。虔，敬也。刑，法也。』」〔註25〕今《國語》各本韋注釋「糾」爲「恭（共）」。《文選·潘勗·冊魏公九錫文》「君糾虔天刑，章厥有罪」唐李善注引《國語》韋昭注亦作「糾，察也」〔註26〕，與《三國志》裴注同。馬端臨（1254～1323）《文獻通考》卷七九《郊祀考第十二》亦引《魯語下》本句，引韋注與公序本同。汪遠孫《國語明道本攷異》已揭出裴注引韋注與《國語》韋注各本之不同，《國語》其他研究者多不與及。審《故訓匯纂》「糾」下所收故訓，唯《國語》韋注、《廣韻·黝韻》訓「糾」爲「恭（共）」〔註27〕，《廣韻》注文或亦自韋注，趙少咸（1884～1966）《廣韻疏證》即引《魯語下》韋注爲證〔註28〕。「糾虔天刑」爲動賓關係，此無疑問，其中「糾虔」爲謂語，「天刑」爲賓語。審上文爲「祖識地德」、「宣序民事」，其中「祖」、「識」爲並列關係之動詞作聯合謂語，「宣」作狀語修飾謂語中心詞「序」，若從對文角度而言，則「糾虔」語法語義關係當與「祖識」或「宣序」相類，韋注釋「糾」爲「恭」，與「虔」同義，則「糾虔」爲同義並列結構，且爲心理動詞，無法對「天刑」進行指向性動作行爲。然本文語境爲謂語動詞對賓語進行作用，

〔註25〕（晉）陳壽撰，（南朝宋）裴松之注，陳乃乾點校：《三國志》，北京：中華書局 1959 年版，頁 40。

〔註26〕（南朝梁）蕭統編，（唐）李善注：《文選》，北京：中華書局 1977 年影胡克家本，頁 503。

〔註27〕宗福邦等編：《故訓匯纂》，北京：商務印書館 2003 年版，頁 1710。

〔註28〕趙少咸著，余行達等整理：《廣韻疏證》，成都：巴蜀書社 2010 年版，頁 2269。趙氏所用《國語》爲公序本系統，故引韋注字作「共」。

故韋注未如裴注，實釋「糾」作「察」，於語境文義更瞭。又審「虔」字故訓，除可釋作「恭」、「敬」外，還可釋爲「伐」、「殺」、「強取」之義，若以「糾」字爲「察」、以「虔」爲「取」，義亦相會。《方言》卷一云：「虔、劉、慘、�，殺也。秦、晉、宋、衛之閒謂殺曰劉，晉之北鄙亦曰劉。秦、晉之北鄙，燕之北郊，翟縣之郊，謂賊爲虔。」又卷三云：「虔、散，殺也。東齊曰散，青、徐、淮、楚之閒曰虔。」〔註 29〕《古今韻會舉要》卷一四「矯」字注云：「漢《汲黯傳》『矯制』、前《武紀》注引《尚書》『矯虔』，韋昭曰：『稱詐爲矯，強取爲虔。』」〔註 30〕《正字通》卷九「虔」字注云：「虎殺物也。凡殺害皆謂之虔。《左傳》『虔劉我邊垂』杜預曰：『虔、劉，皆殺也。』韋昭曰：『強取爲虔。』」〔註 31〕章太炎（1869～1936）《新方言》卷二云：「今人謂老嫗善強取及撓擾人者爲虔婆。」〔註 32〕皆可證「虔」有「取」義。則「糾虔」爲「察」、「取」之義，非「恭敬」。此外，審敦煌俗字中「恭」有作「㳟」形者，「察」作「**察**」，字形亦較相近，或今傳《國語》各本韋注因「察」、「恭」字形相近而誤「察」爲「恭」。

46.【注】先公後私之義

【按】童本「義」作「义」。「义」爲「義」俗體，《宋元以來俗字譜》收之，今爲中國大陸地區規範用字。

47. 王后親織玄紞（說云紞冠之垂前後者昭謂紞所以縣）

【按】許本「玄」率作「𤣥」，「𤣥」爲「玄」之古文。

童本「後」作「后」，「縣」作「県」。《宋元以來俗字譜》收「后」、「県」字，以「后」爲「後」俗字、「県」爲「縣」俗字。活字本、文津閣本、黃刊明道本及其覆刻本、董增齡本、寶善堂本、《補正》、《集解》、《四部備要》本、《叢書集成初編》本、上古本「縣」作「懸」，「縣」、「懸」古今字。

又董增齡本「玄」字皆改字作「元」以避清諱，與《國語》他本闕筆爲

〔註 29〕 華學誠：《揚雄方言校釋匯證》，北京：中華書局 2006 年版，頁 52、頁 226。

〔註 30〕 （元）黃公紹、熊忠：《古今韻會舉要》卷一四，日本早稻田大學圖書館參日本刊本，本卷頁 14。

〔註 31〕 （明）張自烈撰，（清）廖文英續：《正字通》，《續修四庫全書》第 235 冊，頁 408 上。

〔註 32〕 章炳麟：《新方言》，《章氏叢書》本，本卷頁 48。

諱者不同。

48. 【注】師亥魯樂師之賢者

【按】童本「賢」作「𡙕」，審《俗書刊誤》、《字學三正》「賢」字下皆收「𡙕」形，謂爲「賢」字之俗。則童本之「𡙕」或亦「𡙕」形別體。若從示義角度而言，則「𡙕」形似亦頗合。

49. 【注】亦用同姓若漢宗正

【按】許本「正」作「臣」，審《國語》其他各本皆作「正」字，《玉海》卷一三〇引亦作「正」。審宗正爲秦、漢職官之一，《漢書・百官公卿表》謂爲「秦官，掌親屬」，則固當作「宗正」，許本「臣」字誤。

50. 公父文伯卒

【按】許本「卒」牽作「卒」，《說文・衣部》：「卒，隸人給事者衣爲卒。卒，衣有題識者。」〔註33〕謂從「衣」、「一」，字作「𠭳」。則正字當作「卒」，《玉篇・衣部》云：「卒，今作『卒』。」〔註34〕即以「卒」爲「卒」之古字形。按照古文學家對「卒」古字形的分析，《說文》所謂「從一」之「一」也確實是題識，只是在楷化中譌而成「十」。

51. 【注】凡婦人之情愛其子欲令妻妾思慕而已

【按】丁跋本「思」誤作「忌」，童本「愛」作「爱」。
又《鈔評》「欲」字多作「歇」，「歇」爲「俗」字之俗。

52. 欲明其子之令德也

【按】惠批：「宋本無『也』。」活字本、黃刊明道本及其覆刻本、寶善堂本等皆無「也」字，與惠氏所謂宋本同。

53. 【注】服謂既練之後哀至之哭

【按】遞修本、活字本、許本、薈要本、文淵閣本、文津閣本、黃刊明道本及其覆刻本、董增齡本、秦鼎本「服」作「哭」。從正文與注文匹配

〔註33〕 （漢）許慎：《說文解字》，頁 173 上。
〔註34〕 （宋）陳彭年等：《宋本玉篇》，頁 504。

的角度而言，字作「哭」最通。但此注若爲韋氏承襲服氏之說，則「服」字最通。角度不同，自然判斷標準也不同。「服」、「哭」二字皆有可通的理由，且二字形體即遠，義亦相殊，恐難相混用。則二字之必各有其命意之由。

54. 社稷之守爲公侯

【按】惠批：「《說苑》引此云『社稷爲公侯，山川之神爲諸侯，皆屬於王者』。」《札記》用惠氏之說。惠氏所云《說苑》，在《說苑·辨物篇》。活字本、黃刊明道本及其覆刻本「守」後有「者」字，《通鑑前編》卷三引字有「者」字，其他各本引則無「者」字。有無「者」字無礙於文義。

55. 守封隅之山者也

【按】惠批：「宋本作『嵎』，注同。」活字本、薈要本、文淵閣本、文津閣本、黃刊明道本及其覆刻本、寶善堂本、《補正》、《詳注》、《集解》、上古本等與惠氏所謂宋本同。又《史記·孔子世家》、《太平御覽》卷一七〇、《通典》卷一八二、《古史》卷三一、《冊府元龜》卷七九七、《通志》卷八八、《文獻通考》卷三一八引字作「禺」。《說文·山部》云：「嵎，封嵎之山，在吳、楚之間，汪芒之國。」〔註35〕汪遠孫《攷異》云：「公序本作『隅』，案『嵎』是也，《說文》作『嵎』。」〔註36〕又《說文通訓定聲》云：「嵎，叚借爲堣。」〔註37〕「禺」者以音記詞，「嵎」、「堣」、「隅」、「堨」皆因形見義。既然是山名，恐以字從「山」作「嵎」最合。拙著《小學要籍引〈國語〉研究》有詳辨，可參。

56. 在虞夏商爲汪芒氏

【按】惠批：「《說苑》云『在虞夏爲防風氏，商爲汪芒氏，於周爲長狄氏』。」又批：「裴駰案《括地志》：在大秦國也。」就汪芒氏在三代名稱之不同而言，《史記》與《國語》同，《孔子家語》與《說苑》同，詳略不同，亦各有所本、各守本書。王煦因《說文》、《說苑》引文謂「《魯語》脫『爲防風

〔註35〕 （漢）許慎：《說文解字》，頁 190 上。
〔註36〕 （清）汪遠孫：《國語明道本攷異》，頁 293。
〔註37〕 （清）朱駿聲：《說文通訓定聲》，武漢市古籍書店 1983 年影臨嘯閣本，頁 360下。

氏在』五字，當據訂正」〔註38〕，恐亦未必是。「在大秦國也」爲裴駰《史記集解》釋「僬僥」之語，今《史記集解》所按《括地志》謂僬僥「在大秦國北也」〔註39〕。另辨詳見拙著《小學要籍引〈國語〉研究》。

又《鈔評》「汪」誤作「江」，「商」作「商」。

57. 【注】同世其國北遷為長翟也

【按】《叢刊》本「同」字爲「周」字之誤，他本皆不誤。活字本、黃刊明道本及其覆刻本、寶善堂本等「翟」作「狄」。「翟」、「狄」之別是《國語》公序本與明道本的主要區別特徵之一。《太平御覽》、《說文解字注》等引字作「翟」，俞樾《茶香室隨筆》等引字作「狄」，明所據本不同。

58. 【注】方賄各以所居之方所出貨賄為貢也

【按】許本「爲」作「來」。「來貢」者，復述正文；「爲貢」者，言「貢」所指。二字皆可通，唯許本不與《國語》眾本同，或當從《國語》眾本。審《禮書綱目》引字作「爲」，從《國語》眾本。

59. 故銘其栝曰肅慎氏之貢矢

【按】惠批：「僞《尚書・旅獒》采之此。」又京都藏本批校云：「胤按：《古文書・旅獒篇》文多與此語出。又此作古文者，揍取此文耳。又亡書目有『賄肅慎之命』，亦恐自此處文撰成乎？」〔註40〕其義與惠說近似。《旅獒篇》確乎有部分語句與《魯語下》本章相同，但是是否因此就可以認爲《旅獒篇》采自《國語》，恐難遽下結論。惠氏古文家立場，故有此說。又京都藏本愿按云：「愿按：銘栝，近於目也。」〔註41〕可從。

60. 昔正考父校商之名頌十二篇於周大師

【按】惠批：「如《外傳》，則《商頌》皆當時之作，亦宋襄作也。」正

〔註38〕（清）王煦：《國語釋文》卷二，本卷頁13。

〔註39〕（漢）司馬遷撰，（南朝宋）裴駰集解、（唐）司馬貞索隱、（唐）張守節正義：《史記》，北京：中華書局1959年版點校本，頁1901。2013年修訂本據張文虎《校刊史記集解索隱正義札記》改「北」爲「南」，見《史記》點校修訂本，北京：中華書局2013年版，頁2346。

〔註40〕（日）林信勝點校：《國語》，本卷頁18。

〔註41〕同上。

考父爲孔子八世祖，春秋早期宋國人。《魯語下》明言正考父「校」，而非「作」。惠氏此說恐難信從。

又《鈔評》「商」作「啇」，「十二」誤作「十三」。《鈔評》「商」多作「啇」。

61. 其輯之亂

【按】惠批：「王逸《楚辭》注云：『說理也，所以發理詞指，總行要也。』」董增齡即引《楚辭》王注爲釋。韋昭注云：「輯，成也。凡作篇章，篇義既成，撮其大要爲亂辭。詩者歌也，所以節儛者也。如今三節儛矣，曲終乃更變章亂節，故謂之亂也。」與王注大體相同。宋吳仁傑云：「昭謂歌詩節舞，于理則然。若曰『曲終變章亂節』，則事正相反。《樂記》言大武之舞『復亂以飭歸』《正義》曰：『亂，治也。復謂舞曲終舞者復其行位而整治。蓋舞者其初紛綸，赴節不依行位比，曲終則復整治焉，故謂之亂。』今舞者尚如此。詩樂所以節舞者也，故其詩辭之終亦謂之亂。《商頌》『輯之亂』是已樂曲之終亦謂之亂。《關雎》之亂是已。《離騷》有亂辭，實本之詩樂，而此賦又本之《離騷》。其他作系諢重曰者于義亦通，然非詩樂本指。」〔註42〕王煦《國語釋文》引吳說商榷韋注，亦可備說。

62. 今吾子之教官寮

【按】許本「寮」率作「僚」，活字本、黃刊明道本及其覆刻本字、寶善堂本、《補正》、《詳注》、《集解》、《四部備要》本、《叢書集成初編》本、上古本作「僚」。《通鑒外紀》、《春秋臣傳》、《尚史》、《淵鑒類函》引作「僚」，《經濟類編》、《春秋經傳比事》、《繹史》、《經籍籑詁》、《古文淵鑒》、《說文通訓定聲》引作「寮」。可見各書所據本不同。審《說文·人部》：「僚，好兒。」段注云：「此僚之本義也。自借爲『同寮』字而本義廢矣。」〔註43〕陸德明《經典釋文》多處云「僚」本又作「寮」。汪遠孫《攷異》亦謂二字通，可從。又《鈔評》「寮」字作「寮」，「寮」亦「寮」字之俗。

〔註42〕（宋）吳仁傑：《兩漢刊誤補遺》，臺北：臺灣商務印書館 1986 年版《景印文淵閣四庫全書》第 253 冊，頁 884 下。

〔註43〕（漢）許慎：《說文解字》，頁 162 下。（清）段玉裁：《說文解字注》，頁 368。

63. 【注】馬一匹牛一頭

【按】《叢刊》本「一頭」之「一」，遞修本、張一鯤本、《國語評苑》、閔齊伋本、綠蔭堂本、薈要本、文淵閣本、文津閣本、道春點本、千葉玄之本、秦鼎本等公序本多本皆作「二」，活字本、黃刊明道本及其覆刻本、董增齡本、寶善堂本、《補正》、《集解》、《四部備要》本、《叢書集成初編》本、上古本等字作「三」。審《漢書・刑法志》、《左傳》杜注孔疏、《禮記》賈疏、《穀梁傳》范注賈疏、《通典》、《晉書》、《太平御覽》、《皇王大紀》、《冊府元龜》〔註44〕、《玉海》、《古今靠》、《山堂肆考》、《文章正宗》、《儀禮經傳通解》、《文獻通考》等載籍中多引作「三」，恩田仲任《國語備考》引文亦作「三」。汪遠孫《攷異》云：「『三』，公序本作『二』，誤。」〔註45〕《翼解》引《漢書・刑法志》爲釋，董增齡引《穀梁傳》范注爲釋。自我國商代時期始，「馬」就是最爲重要的畜力，相對而言，馬比牛更爲昂貴。字或當作「三」。「三」、「二」形近易混，「一」、「二」亦易混誤。

64. 【注】甸稍懸都皆無過十二也

【按】遞修本、活字本、丁跋本、許本、閔齊伋本、薈要本、文淵閣本、文津閣本、黃刊明道本及其覆刻本、董增齡本、秦鼎本、高木本、寶善堂本等「懸」作「縣」。又千葉玄之謂：「注『稍懸』之『懸』誤，當作『縣』。」〔註46〕惠批：「《五經異義》云：周禮：國中國塵之賦二十而稅一，近郊十二稅一，遠郊二十而稅三。有軍旅之歲，一井九夫，百畮之賦，出禾二百四十斛，芻秉二百四十六釜，米十六斗。鄭康成駁云：《周禮》六篇無云軍旅之歲一井九夫百畮之稅出禾芻秉釜米三事，何以得此言乎？棟謂許君引《周禮》而秉魯治通設之周禮，鄭氏駁之然也。」《五經異義》所謂「周禮」恐非書名，唯以時代言之，或即謂周代之禮。又黃刊明道本及其覆刻本、寶善堂本等無「十二也」三字，當爲脫漏，汪遠孫《攷異》已揭出，《補正》、《詳注》、《集解》、上古本已增補。

〔註44〕 《冊府元龜》僅卷四百七一共有三處記載，其中一處作「二」，或亦「三」字之誤。

〔註45〕 （清）汪遠孫：《國語明道本攷異》，頁293。

〔註46〕 （日）千葉玄之重校刻：《韋注國語》，本卷頁12。

齊語第六

1. 【注】庸凡庸也

【按】童本「凡」誤作「几」。

2. 若必治國家者則管夷吾乎

【按】惠批：「齊臣能薦賢，則良臣也。」活字本、黃刊明道本及其覆刻本、寶善堂本等「則」後有「其」字。《文則》、《經濟類編》、《文章辨體匯選》等引皆無「其」字，與公序本同。汪遠孫云：「公序本無『其』字，鈔本《北堂書鈔・政術部七》引《國語》同，陳禹謨改『則』字爲『其』字。」〔註1〕據汪氏之義，鈔本《書鈔》與公序本同，字作「其」者陳本始改之，今審《北堂書鈔》之孔校本與陳校本同。該語境下「則」、「其」俱可通。「則」爲連詞，「其」則爲副詞表推測語氣。

3. 【注】管嚴仲之子敬仲也

【按】惠批：「宋本脫『管嚴仲之子』五字。」薈要本、文淵閣本、文津閣本、黃刊明道本及其覆刻本、秦鼎本、寶善堂本、《補正》、《四部備要》本等與惠氏所謂「宋本」同。汪遠孫《攷異》云：「此本脫也。《內傳・僖十二年》疏引杜《世族譜》，管氏出自周穆王，《史記・管晏列傳》索隱引《世本》云：『莊仲山產敬仲夷吾。』單行本無『山』字。韋注本《世本》也，《史記正義》亦有五字。」〔註2〕可從《詳注》注誤作「管仲之子敬仲」，《集

〔註 1〕 （清）汪遠孫：《國語明道本攷異》，頁294。
〔註 2〕 （清）汪遠孫：《國語明道本攷異》，頁294。

解》、上古本注從公序本。則薈要本等公序本各本亦當從而增「管嚴仲之子」五字。

4. 【注】管仲臣於子糾

【按】張一鯤本、童本、道春點本、千葉玄之本「糾」作「斜」。活字本「糾」字處空白無字，當係漏刻。

5. 嚴公將殺管仲

【按】童本「管」作「晉」，《偏類碑別字》引《唐遊石室新記》字即作「晉」，「晉」爲「管」俗字。

又活字本、薈要本、文淵閣本、文津閣本、黃刊明道本及其覆刻本、寶善堂本、《補正》、《詳注》、《四部備要》本、上古本等「嚴」作「莊」。

6. 田狩畢弋

【按】童本「弋」誤作「戈」。

7. 【注】優笑倡俳也

【按】丁跋本「倡」字處空格無字，當係漏刻。

8. 恐宗廟之不埽除

【按】活字本、丁跋本、許本、《百家類纂》本、黃刊明道本及其覆刻本、董增齡本、寶善堂本、《補正》等「埽」作「掃」，綠蔭堂本字誤作「帚」。「埽」、「掃」異體字。

9. 【注】言昭王穆王雖有所闕猶能世法文王武王之典以成其功名也　周語曰厲始革典

【按】童本「雖」作「虽」，「闕」誤作「関」，「厲」作「厉」。

10. 【注】挾日而斂之所以爲民綱紀也

【按】活字本、童本、薈要本、董增齡本「斂」作「歛」。《說文》「斂」字從「攴」，釋爲「牧」，段玉裁釐「牧」爲「收」字〔註3〕。《原本玉篇殘卷·

〔註3〕　（清）段玉裁：《說文解字注》，頁124上。

欠部》引《倉頡篇》云：「歛，𠡠也。」復引《廣雅》云：「歛，予也；歛，欲也。」〔註4〕與「斂」義不同。至《類篇》則云：「歛，呼含切，欲也，一曰戲乞曰歛。又呼甘切，又丘嚴切，又丘凡切，又力冉切，《說文》：『收也。』又力驗切，聚也。又呼濫切，欲也，予也。文一，重音六。」〔註5〕則已將「斂」、「歛」二字之義合一。又「斂」、「歛」皆從「僉」字得音，「攵」、「欠」形近，故得相混。《字鑑》云：「斂，俗從『欠』作『歛』，非。」〔註6〕《正字通》、《字彙》等皆主此說。譌久成俗，故「斂」、「歛」得爲異體字。《國語》多本字既作「斂」，則當從之。

11.【注】蒪等也

【按】童本「蒪」作「蒪」，當即「蒪」字之俗譌。《管子·小匡》「蒪」作「原」，《說文》引作「肇」，辨詳見拙著《小學要籍引〈國語〉研究》。

12. 糾之以刑罰（糾收也）

【按】童本「糾」率作「科」，「收」率作「牧」。此處活字本、吳勉學本、道春點本、千葉玄之本「糾」亦作「科」。《管子·小匡》作「紃」，「紃」、「糾」、「科」同字。審先秦兩漢傳世文獻中「X之以刑罰」句式多見。其中「X」，《荀子·王制篇》作「懲」，《荀子·議兵篇》作「鰌」，《墨子·兼愛篇》作「威」，《漢書·刑法志》作「道」〔註7〕，亦各適其語境。

13. 班序顛毛

【按】惠批：「毛，《管子》作『旄』，古字通。」《札記》用惠氏之說。宋翔鳳（1779～1860）《過庭錄》卷一四云：「《小匡第二十》『糞除其顛旄』，按《國語》作『班序顛毛』。班，列也，謂以頂髮色列序之，使有長幼。『班』

〔註4〕 （南朝梁）顧野王：《原本玉篇殘卷》，上海古籍出版社 2002 年輯印《續修四庫全書》第 228 冊，頁 341。

〔註5〕 （宋）司馬光：《類篇》，上海古籍出版社 1988 年影宋刻宋元遞修本，頁 305 上。

〔註6〕 （元）李文仲：《字鑑》，臺北：臺灣商務印書館 1986 年版《景印文淵閣四庫全書》第 228 冊，頁 52 上。

〔註7〕 王念孫《讀書雜志》謂《刑法志》「道」字爲「導」字之譌，以「導」有「迫」、「急」之義。可從。見氏著《讀書雜志·管子第七》，北京：中國書店 1985 年版，本卷頁 10。

與『糞』、『除』與『序』並聲之轉，『糞除』當讀爲『班序』，『旄』與『毛』通。」〔註8〕清張文虎（1808～1885）《舒藝室隨筆》卷一云：「班亦分也，與『頒』通用。」〔註9〕所言可從。

14. 參其國而伍其鄙

【按】許本「鄙」率作「啚」，童本則率作「鄙」。

15. 【注】六柄生殺貧富貴賤也

【按】童本「富」作「冨」。

16. 四民者勿使雜處

【按】惠批：「四民創是管子，士亦在四民中，故孔子斥無器。」審顧炎武（1613～1682）《日知錄》亦云：「士、農、工、商，謂之四民。其說始於管子。」〔註10〕惠氏「孔子斥無器」之說未知所本，今檢《莊子·田子方》有孔子（B.C 551～B.C 479）與顏淵（B.C 521～B.C 482）對話，如下：

顏淵問於仲尼曰：「夫子步亦步，夫子趨亦趨，夫子馳亦馳；夫子奔逸絕塵，而回瞠若乎後矣！」夫子曰：「回，何謂邪？」曰：「夫子步，亦步也；夫子言，亦言也；夫子趨，亦趨也；夫子辯，亦辯也；夫子馳，亦馳也；夫子言道，回亦言道也；及奔逸絕塵而回瞠若乎後者，夫子不言而信，不比而周，無器而民滔乎前，而不知所以然而已矣。」仲尼曰：「惡！可不察與？夫哀莫大於心死，而人死亦次之……」〔註11〕

這也是文獻中「無器」連用較早出現的用例。但是對話中爲顏淵言「無器」，是讚美孔子之辭，非孔子自道。且未見傳世文獻中「斥」與「無器」連用者，更未見孔子此等言論，未知惠氏何本。

17. 【注】呢亂兒易變易也

【按】童本「兒」誤作「兒」。活字本、《鈔評》、黃刊明道本及其覆刻本、

〔註8〕 （清）宋翔鳳撰，梁運華點校：《過庭錄》，北京：中華書局1986年版，頁230。

〔註9〕 （清）張文虎：《舒藝室隨筆》，瀋陽：遼寧教育出版社2003年版，頁25。

〔註10〕 （清）顧炎武撰，陳垣校注：《日知錄校注》，合肥：安徽大學出版社2007年版，頁423。

〔註11〕 本師方向東先生校注：《莊子今解》，揚州：廣陵書社2000年版，頁133。

寶善堂本、《補正》、《四部備要》、《叢書集成初編》本等「兒」作「貌」。

18. 且莫從事施於四方

【按】丁跋本、許本、《鈔評》「且」前有「以」字，許本「以」率作「㠯」。活字本、文淵閣本、黃刊明道本及其覆刻本、寶善堂本「莫」作「暮」，「莫」、「暮」古今字。按照上下文句式，以有「以」字更合句式語境。審《增修埤雅廣要》卷七、《帝王經世圖譜》卷一二、《通志》卷九二引字作「暮」，《儀禮經傳通解》、《經濟類編》、《文章辨體匯選》、《格物通》引字作「莫」，又《經濟類編》、《文章辨體匯選》、《筠齋漫錄》、《格物通》、《繹史》引皆有「以」字。

19. 以知其市之賈負任儋何

【按】活字本、許本、黃刊明道本及其覆刻本、《集解》「儋」作「擔」，注同。《鈔評》「儋」作「儋」。《通志》、《儀禮經傳通解》、《格物通》、《子史精華》引字作「擔」，《御覽》卷八九二、《增修埤雅廣要》卷七引字作「檐」，《通鑒前編》卷一〇、《文章辨體匯選》卷四九三、《筠齋漫錄》卷三、《繹史》卷四四之一引作「儋」，「檐」字當為「擔」字之誤。惠批：「何，古『荷』字。」審《說文·人部》：「何，儋也。」徐鉉云：「儋何，即負何也。借為『誰何』之『何』，今俗別作『擔荷』，非是。」〔註12〕故惠氏言「何，古『荷』字」者是。黃刊明道本及其覆刻本、《補正》、《詳注》、《集解》、《四部備要》本、《叢書集成初編》本、上古本字即作「荷」。審《御覽》、《經濟類編》、《文章辨體匯選》、《筠齋漫錄》、《格物通》、《繹史》、《古文淵鑒》引字作「何」，其他各書引字作「荷」。若從《國語》語料的原生性角度上考慮，則字當從公序本作「何」。然而由於「何」字疑問代詞應用頻率較高，從字形示義的角度，「荷」字更合。

20. 權節其用耒耜枷芟

【按】惠批：「枷芟，《管子》作『穀芟』。」與《齊語》「枷芟」不同。孫星衍以《管子》之「穀」當從《齊語》作「枷」。黃刊明道本及其覆刻本、寶善堂本、《補正》、《四部備要》本、《詳注》、《叢書集成初編》本、上古本

〔註12〕 （漢）許慎：《說文解字》，頁 163 下。

「枷」作「枛」。《國語發正》云:「當依《舊音》作『枷』。」〔註13〕《集解》謂:「明道本作『枛』,非是。」〔註14〕或即據汪遠孫爲說。宋庠(996～1066)《國語補音》云:「本或作『枛』,音義同。」〔註15〕《釋名》曰:「枷,加也。加杖於柄頭,以撾穗而出其穀也。」〔註16〕則「枷」爲打穀工具,非耕地者,字當從「木」,不當從「耒」。然「木」、「耒」形近易混同,故或混作。《集韻·麻韻》云:「枷枛,《說文》:拂也。淮南謂之柍,或作『枛』。」〔註17〕字又作「枛」、「枛」。《太平御覽》、《增修埤雅廣要》、《通志》、《王禎農書》、《農政全書》、《格物通》、《授時通考》引作「枛」,《通鑑前編》、《帝王經世圖譜》、《儀禮經傳通解》、《經濟類編》、《文章辨體匯選》、《筠齋漫錄》、《禮書綱目》、《春秋經傳比事》、《繹史》、《駢字類編》、《古文淵鑒》引作「枷」。

21. 及寒擊菒除田

【按】許本「菒」作「蘽」,活字本、千葉玄之校本、汪遠孫《國語發正》〔註18〕以及黃刊明道本覆刻本中的蜚英館本、掃葉山房本、錦章書局本、鴻寶齋書局本和新排印本《叢書集成初編》本、《國學基本叢書》本等「菒」字皆誤作「菓」,許本「蘽」恐亦誤字。或據「菓」、「菒」之異可分黃刊明道本版本系統爲兩個分支:其一即爲崇本書局本系列,如崇文本、蜚英館本、錦章書局本、掃葉山房本即是;其二即謂黃氏原刊系列,如黃氏讀未見書齋刻本、博古齋本、吳曾祺《國語章解補正》、《四部備要》本等即是。其祖本皆爲黃丕烈讀未見書齋刻本。張以仁《國語斠證》所參據之時務書局本與日本重刊本皆未見,既然字亦皆作「菒」,疑亦博古齋本之類,而張氏所據世界書局影印天聖明道本則亦崇文書局本之類。惠批:「菒,《管子》作『稾』。」恩田仲任謂《管子》「菒」作「藁」〔註19〕。字異而義則不殊。《說文·木部》:「稾,木枯也。」唐釋玄應《眾經音義》卷一五「稾草」注云:「《說文》:稾,

---

〔註13〕 (清)汪遠孫:《國語發正》卷六,廣西師範大學圖書館藏道光振綺堂本,本卷頁5。

〔註14〕 徐元誥撰,王樹民、沈長雲點校:《國語集解》(修訂本),頁221。

〔註15〕 (宋)宋庠:《國語補音》卷二,本卷頁6。

〔註16〕 任繼昉:《釋名匯校》,濟南:齊魯書社2006年版,頁356。

〔註17〕 (宋)丁度等:《集韻》,上海古籍出版社1983年影述古堂本,頁208。

〔註18〕 包括《國語發正》道光丙午振綺堂本和《續清經解》本。

〔註19〕 (日)恩田仲任:《國語備考》,頁9。

程也。即乾草也。」唐釋慧琳《一切經音義》卷三六「槀稈」注引顧野王（519～581）云：「槀即禾槀草也。」又引《考聲》云：「槀，禾黍莖也。」宋王觀國《學林》卷九云：「亦枯槀也，後世移其木於旁爲槁。」〔註20〕審《故訓匯纂》「槁」字故訓，唯多訓作「木枯」、「葉落」，不及草。「菒」字不見於《說文》，《故訓匯纂》唯錄韋注、《廣韻》、《類篇》〔註21〕，《國語》韋注云：「枯草也。」《廣韻·皓韻》云：「菒，乾草。」《類篇·艸部》云：「菒，稈也。」《集韻·皓韻》云：「槀藳菒蒿，《說文》稈也，或作藳菒蒿。」又「槀」字注云：「《說文》木枯也，或書作槁。」〔註22〕《集韻》引《說文》「稈也」之釋出《說文·禾部》「槀」字之注，非爲「槀」字注文。唐釋玄應《眾經音義》亦引誤。就「槀」、「藳」、「菒」、「蒿」這幾個字而言，其共同義素皆表乾枯，四者同源。「菒」字則唐以前文獻中似唯《齊語》有之，各書亦唯引《齊語》。敦煌文獻之斯3880號《二十四氣時令詩》中有「菒」字，云：「花菒邀橋客。」〔註23〕則「菒」字晚出，而《御覽》引用「槁」字，今傳公序本《國語》皆用「菒」字，或《御覽》所據本與今傳《國語》本不同。拙稿《張以仁〈國語札記〉補箋》有詳辨〔註24〕，可參。

22.【注】疾速也穳摩平也

【按】童本「穳」誤作「擾」。

23. 以旦莫從事於田野脫衣

【按】許本「野」誤作「而」。《鈔評》「脫」作「胅」。活字本、黃刊明道本及其覆刻本、寶善堂本、《補正》、《詳注》、《四部備要》本、《叢書集成

〔註20〕（漢）許慎：《說文解字》，頁119下。（唐）玄應：《眾經音義》，上海古籍出版社2002年版《續修四庫全書》第198冊，頁175上。（唐）慧琳：《一切經音義》，上海古籍出版社2002年版《續修四庫全書》第197冊，頁43下。（宋）王觀國：《學林》，臺北：新文豐出版公司1985年版《叢書集成新編》第12冊，頁81下。

〔註21〕宗福邦等：《故訓匯纂》，頁1943。

〔註22〕（宋）陳彭年等：《宋本廣韻》，頁283。（宋）司馬光編：《類篇》，頁27上。（宋）丁度等：《集韻》，同前，頁400。

〔註23〕黃永武主編：《敦煌寶藏》第32冊，臺北、新文豐出版公司1982年版，頁106。

〔註24〕拙稿《張以仁〈國語札記〉補箋》，《臺北大學中文學報》第13期，頁113～130。

初編》本等「莫」作「暮」。

24. 盡其四支之敏

【按】惠批：「《詩》云：『農夫克敏。』」惠氏引《詩》爲《詩·小雅·甫田》之語。毛傳云：「敏，疾也。」〔註25〕韋注謂：「敏猶材也。」與毛傳不同，《齊語》與《甫田》「敏」字語境功能未盡相同，則釋義可以不同。京都藏本批校云：「『敏』與『敏事』之『敏』同，韋解非。」〔註26〕秦鼎則謂：「『敏』者，『敏德』之『敏』，故訓材。」〔註27〕韋注用「猶」字爲釋，明在比況，非用嚴格之訓詁方式，且頗合於本文語境，故韋注不誤。

25. 其秀民之能為士者必足賴也（秀民民之秀出者也賴恃也）

【按】活字本、丁跋本、吳勉學本、道春點本「賴」作「頼」。《說文》字作「賴」，《五經文字》、《干祿字書》皆收「頼」字。陳新雄云：「『頼』本從貝剌聲，後俗書省『刀』爲『丁』作『頼』。行之既久，遂與『賴』通用。」〔註28〕可從。

又許本「秀出」之「秀」作「特」，亦通，然與《國語》多本不同，或當從《國語》多本釐作「秀」。

26. 有司已於事而竣

【按】惠批：「《說文》引云：『有司已事而竣。』」「於」字有無，無礙於文義。拙著《小學要籍引〈國語〉研究》對本條有詳辨，可參。

27. 國子帥五鄉焉

【按】童本從「阝」之字「阝」大率作「卩」，古書中「阝」、「卩」二形亦多相混爲用。

〔註25〕 （清）阮元校刻：《十三經注疏》，頁 475 中。
〔註26〕 （日）林信勝點校：《國語》，本卷頁 6。
〔註27〕 （日）秦鼎：《春秋外傳國語定本》，本卷頁 5。「材」字，秦本原作「林」，實爲「材」字之誤。
〔註28〕 陳新雄：「頼」字研訂說明，《異體字字典》在線版，http://dict2.variants.moe.edu.tw/variants/。

28. 【注】參三也案界也

【按】童本「三」處空格無字，當為漏刻「三」字。

惠批：「皆云三官為農、工、商，此則士、工、商。」董增齡《國語正義》引《呂氏春秋》高誘注以為《齊語》「三官」仍為農、工、商，非惠氏所謂「士、工、商」，可從。

29. 【注】掌度知川澤之大小及所生育者

【按】許本「掌度」誤作「量度」。

又黃刊明道本及其覆刻本、寶善堂本、《四部備要》本、《叢書集成初編》本「生育」之「育」字皆誤作「有」，《補正》、《詳注》、《集解》、上古本改作「育」。

30. 【注】居則為軌出則為伍

【按】許本「居」誤作「伍」。

31. 【注】詩云小戎俴收

【按】丁跋本「收」作「収」。引詩出《詩·秦風·小戎》，毛傳云：「小戎，兵車也。俴，淺。收，軫也。」鄭箋云：「此羣臣之兵車，故曰小戎。」〔註29〕兵車人數有定，可以用於計量，故《國語》中「小戎」實為軍事計量單位。

32. 人與人相疇

【按】惠批：「《漢書》所謂疇人也。」「疇人」出《漢書·律曆志上》，原句為「史官喪紀，疇人子弟分散」，顏注引如淳曰：「家業世世相傳為疇。」〔註30〕與《齊語》之「疇」義不相同。審馮夢龍（1574～1646）《東周列國志》作「儔」。段玉裁云：「蓋自唐以前無不用从田之『疇』，絕無用从人之『儔』訓類者。此古今之變，不可不知也。」〔註31〕又黃刊明道本及其覆刻本「疇」字作「疇」，「疇」亦「疇」字之別體。

〔註29〕（清）阮元校刻：《十三經注疏》，頁 370 上。
〔註30〕（漢）班固撰，（唐）顏師古注：《漢書》，同前，頁 974。
〔註31〕（清）段玉裁：《說文解字注》，頁 695 下。

33. 發聞於鄉里者有則以告

【按】童本「有則」作「則有」，復於「則有」旁刻「有則」二字。當是刻版時誤倒，校對時已校對出誤端，故復刻二字於旁以正。

34. 【注】脛本曰股肱臂也大勇為拳

【按】丁跋本「肱」作「肫」，正文既作「肱」字，注文亦當作「肱」，不當別爲之字，且「肫」字之義與「肱」無涉，當爲丁跋本誤書。

惠批：「大勇，一本作『仝勇』。」所參諸本中無注作「仝」者，未知惠氏何據，恐此「仝」字爲「全」字之誤。審臨嘯閣本《說文通訓定聲》「拳」字注引《齊語》注「大」誤作「人」。

35. 【注】待時動不違時也綏止也

【按】丁跋本「動」作「使」，從《齊語》正文看，應無使令義，當是一種客觀或主動行爲，故以字作「動」爲是。

又童本「待」譌作「得」，又遞修本、張一鯤本、童本「止」誤作「上」。

36. 足以比成事

【按】許本「足以」誤作「是以」，「是」、「足」形近而混誤。京都大學藏本批云：「比，猶共也。」〔註32〕說可從。

37. 【注】不病不罷也

【按】活字本、許本、黃刊明道本及其覆刻本、董增齡本、秦鼎本、寶善堂本、《補正》、《四部備要》本、《詳注》、《叢書集成初編》本、《集解》、上古本「罷」作「能」。秦鼎云：「不能，舊作『不罷』，今從明本、陳本。《管子》註引亦作『不能』。《札記》、《補音》作『罷』，誤也。」〔註33〕說可從。

38. 【注】視土地之美惡

【按】許本、張一鯤本、童本、薈要本、文淵閣本、文津閣本、道春點本、千葉玄之校本、黃刊明道本及其覆刻本、董增齡本、秦鼎本、寶善堂本、

〔註32〕　（日）林信勝點校：《國語》，京都大學藏批校本，本卷頁9。
〔註33〕　（日）秦鼎：《春秋外傳國語定本》，本卷頁9。

《補正》、《詳注》、《集解》、《四部備要》本、《叢書集成初編》本、上古本「圡」皆作「土」。

39. 無奪民時則百姓富犧牲不略則牛羊遂（略奪也遂長也）

【按】丁跋本無「略奪也遂長也」六字注文，故丁跋本批云：「畧奪也。」許本「奪」作「敓」。

又活字本「富」作「冨」，注文「略」作「畧」。薈要本、文淵閣本、文津閣本「略」作「畧」。

40. 三鄉為縣縣有縣帥十縣為屬

【按】此處許本「縣」俱作「寰」。《說文新附・宀部》：「寰，王者封畿內縣也。」〔註34〕又《廣韻・霰韻》云：「寰，古文縣。」〔註35〕是許本之所本。

41. 【注】下政縣帥也聽鄉帥之治

【按】此「縣」字，許本未改。黃刊明道本及其覆刻本、寶善堂本、《補正》、《集解》、《四部備要》本、《叢書集成初編》本、上古本「治」後有「也」字。

42. 聰慧質仁

【按】許本、董增齡本、秦鼎本「聰」作「聰」，道春點本作「聡」。「聰」、「聰」異體字，《龍龕手鑒》收「聡」字，謂爲「聰」字之俗。「聡」實「聰」字省減筆劃而成。

43. 有拳勇股肱之力秀出於眾者

【按】丁跋本「肱」作「胘」，「胘」或亦「肱」之俗體，《異體字字典》未收，或當據丁跋本補。

44. 桓公曰吾欲從事於諸矦其可乎管子對曰未可鄰國未

【按】本行多本別起一行，該行字數爲：《國語評苑》行24字，遞修本、

〔註34〕 （漢）許慎：《說文解字》，頁152上。
〔註35〕 （宋）陳彭年等：《宋本廣韻》，頁386。

金李本本行 22 字，薈要本、文淵閣本、文津閣本 21 字，許本、童本、張一鯤本、道春點本、黃刊明道本及其覆刻本、秦鼎本 20 字，活字本、吳勉學本、閔齊伋本 19 字，千葉玄之本 18 字。綠蔭堂本、董增齡本本行與上行不分。《齊語》全卷講管仲助齊桓公稱霸事，稱霸的前期措施有幾點：（1）定四民；（2）定三選、伍鄙；（3）無屬大夫復事；（4）安四鄉；（5）寄軍政；（6）四伐而葵丘之盟；（7）憂天下諸侯。《齊語》分章固不能以三段式敘事模式標準進行，而要以管仲霸國措施的相對完整性來進行分章。從全篇看，「安四鄉」與「五屬大夫復事」固非一事，則當分開。綠蔭堂本、董增齡本不分者，誤。

45. 【注】鄰國親足以爲援不然將爲己害難以遠任也

【按】童本「國」作「国」，下注同。

又遞修本、活字本、丁跋本、許本、金李本、張一鯤本等、薈要本、文淵閣本、文津閣本、黃刊明道本及其覆刻本、董增齡本、秦鼎本、寶善堂本等各本「任」皆作「征」，是《叢刊》本「任」字誤，「征」、「任」二字形亦近似。

又活字本、黃刊明道本及其覆刻本、寶善堂本、《補正》、《集解》、《四部備要》本、《叢書集成初編》本、上古本無「也」字，無「也」字亦可通。

46. 審吾疆場而反其侵地

【按】童本「疆」絕大多數寫作「彊」。

活字本、薈要本、文淵閣本、文津閣本、道春點本、千葉玄之本、黃刊明道本及其覆刻本、董增齡本、秦鼎本、寶善堂本、《補正》、《詳注》、《集解》、《四部備要》本、《叢書集成初編》本、上古本「侵」作「侵」。《說文》字作「𠬶」，即「侵」字。「侵」爲隸變省形字。

47. 【注】積土爲封資資財也

【按】許本「資資」作「資於」，不辭，誤，當從《國語》多本作「資資」。

48. 【注】州十人齊居一州爾雅曰齊曰營州

【按】童本「齊」作「齐」，「爾」作「尒」。「齐」爲「齊」字俗體，非僅

童本見之，《國語》他本中亦偶有出現，今大陸規範字「齊」作「齐」。「齐」、「斉」、「斋」、「斋」都是「齊」字構件「𠫒」簡化爲「文」而成。「尔」則是「爾」中的 4 個構件「×」減省成「一」。

又丁跋本「曰」誤作「口」。

49. 皮幣玩好使人鬻之四方

【按】許本「鬻」作「𩝼」，「乡」當即「弓」之俗寫，故「𩝼」爲「鬻」字之俗。《異體字字典》未收，當補。

黃刊明道本及其覆刻本、寶善堂本、《補正》、《詳注》、《集解》、《四部備要》本、《叢書集成初編》本、上古本「人」作「民」。《通鑑前編》卷一〇、《經濟類編》卷一四、《文章辨體匯選》卷四九三引作「人」，《春秋臣傳》卷三、《通志》卷九二引作「民」。先唐傳世文獻經歷唐代，「民」爲避諱改字作「人」，宋以後版刻校訂又往往將「人」改回「民」字。在回改過程中，有些本即作「人」字並非因避「民」字諱而改作的「人」字，也被誤改爲「民」。《國語》各本多處「民」、「人」不同即是這種情況。當然，本處語境，「民」、「人」也都較適合語境。審《國語》中他處「使人」用例，多爲諸侯大夫派人做某一件特定事。此處齊桓公派人探測各國君臣所好，則以字作「人」字爲更合。

50. 【注】監觀也觀其所好

【按】童本「觀」作「观」。《宋元以來俗字譜》收有「观」字，爲「觀」字之俗。

51. 【注】重罪死刑也犀犀皮也

【按】童本凡兩字相重，第二字率作重文符號「〻」。

活字本、黃刊明道本及其覆刻本、寶善堂本、《補正》、《詳注》、《集解》、《四部備要》本、《叢書集成初編》本、上古本「犀皮」後無「也」字。

52. 【注】甲戟車戟也

【按】丁跋本「車」作「車」，審下文「車」字，丁跋本亦有作「車」者，則恐非誤作，「車」或亦「車」字之俗體別文，《異體字字典》未收。「戟」、「戟」爲「戟」字別體，《玉篇》、《隸釋》中有之。活字本、黃刊明道本及其覆刻本、

寶善堂本等「戟」亦作「戟」。

黃刊明道本及其覆刻本、寶善堂本、《補正》、《詳注》、《集解》、《四部備要》本、《叢書集成初編》本、上古本「甲」後有「也」字。

53. 【注】以束矢入於朝乃聽其訟

【按】童本「聽」作「听」，下同。自《齊語》開始，童本刻字多俗字。

54. 【注】周禮以兩造禁民訟

【按】童本「禮」作「礼」。

55. 【注】鑄冶也

【按】遞修本、童本、寶善堂本「冶」誤作「治」。

56. 【注】狗馬難為利者

【按】童本「難」作「难」。「难」爲「難」俗字，《宋元以來俗字譜》中收之，今爲中國大陸地區規範字。

又活字本、黃刊明道本及其覆刻本、寶善堂本、《補正》、《四部備要》本、《叢書集成初編》本、上古本「者」作「也」，《集解》從公序本作「者」。這裏也還是斷句和訓詁形式認定的問題，假如以本註釋爲解釋「狗馬」者，則當斷爲：「狗馬，難爲利者。」假如以本註釋解釋的「試諸狗馬」的原因的，則不斷開，爲「狗馬難爲利也」。劍戟等物，用於戰爭，必當以鋒利爲訴求，狗馬是試驗所造劍戟是否鋒利的主要對象。無論哪一種斷句方式，「者」、「也」二字皆可通。《太平御覽》、《冊府元龜》、《劍莢》引字皆作「者」。

57. 【注】惡麤也夷平也所以削草平地斤形似鉏而小

【按】童本「麤」作「麃」，活字本作「麃」。《說文·鹿部》：「麃，牝鹿也。」〔註36〕與「麤」義無涉，然審「麤」字俗體有作「麁」者，《宋元以來俗字譜》已收錄。童本之「麃」或因「麁」之形而作者，則「麃」之「匕」或當看作重文符號，不當以文字構件視之。

許本「形」誤作「刑」。

〔註36〕（漢）許慎：《說文解字》，頁 203 上。

　　黃刊明道本及其覆刻本、寶善堂本、《補正》、《四部備要》本、《叢書集成初編》本、上古本「所以」前有「夷」字。有「夷」字也可以講得通，前釋「夷，平也」爲解釋一般義。「所以削草平地」前有「夷」字，是進一步解釋語境義，故強調一下。《集解》從公序本，無「夷」字。

　　又寶善堂本「平」誤作「乎」。

58. 環山於有牢

　　【按】惠批：「環，本作繯，相換反，讀爲絹。《廣成頌》『繯橐四野之飛征』，經引此，並引賈注云『繯，還也。』」「繯」、「環」音同可通。

　　《齊語》「使海於有蔽，渠弭於有渚，環山於有牢」三句，研究《國語》者各有說法。清人黃模《補韋》云：

　　《小匡》「蔽」作「弊」、「渠弭」作「渠彌」、「渚」作「陼」、「環」作「網」。顧大韶曰：「海謂大水也，北人通稱大水曰海，至今猶然。海于有蔽，謂軍行次于大水邊，令本國預設藩舍以爲遮蔽也。渠即溝渠之渠。弭，止也。軍行至于溝渠邊，不能徑渡，則必暫止，故謂之渠弭。既暫止，則令本國預設爲除地以爲可止之處也。環山而行，所歷多荒僻無人之地，或致匱乏，則令本國預備牛羊豕以犒師也。蓋魯衞燕既得侵地，雖有此費，亦所甘心。而齊之反三國侵地非曰直舉而與之也，亦有所用之耳。此管子之謀。」（《困學隨筆》）凡屯兵，必依山阻海，然後敵不能測，而有險可憑。齊地環山頁海，魯、衞、燕則不能皆有山海也。使于有蔽之地，遮列之即以是爲海。于有渚之地，疏闢之即以是爲渠弭。于可牢牧之地，環禁之即以是爲山。以待齊師之至而屯牧焉。有蔽者，或地勢阻隩、或林木叢深也。曰「海于有蔽」，周人之文簡奧而意無不達如此。（《補正》）模案：賈侍中曰：「渠弭，裨海也。」對海爲大海而言。《管子》「弭」作「彌」，未詳厥義。考齊地有巨洋水，亦曰胸瀰。蓋渠弭即胸瀰。此水較常流則爲巨洋，較諸大海則爲渠彌耳。〔註37〕

　　所引顧大韶（1576～？）之言今亦見於顧氏《炳燭齋隨筆》中。郭沫若（1892～1978）《集校》引維遹案：「《齊語》『弊』作『蔽』，是也。」〔註38〕

〔註37〕 （清）黃模：《國語補韋》卷二，本卷頁 11～12。
〔註38〕 郭沫若：《管子集校》，《郭沫若全集・歷史編5》，北京：人民出版社 1984 年版，頁 553～554。

郭沫若引黃氏《國語補韋》爲說。「弊」、「蔽」音同可通。韋注云：「賈侍中云：『海，海濱也。有蔽，言可依蔽也。渠弭，禪海也。水中可居者曰渚。』昭謂言有此乃可以爲主人，軍必依險阻也。環，繞也。牢，牛、羊、豕也。言雖山險，皆有牢牧，一日：『牢，固也。』」陳璥（1792～1850）《翼解》云：「齊俗急功利，管仲府海、官山，尤以足國爲術，故韋以牢牧爲義。」〔註39〕陳厚耀（1648～1772）《春秋戰國異辭》卷一六引《管子》房注云：「使海于有弊，言或遇水災，教令泄于海，使有弊盡也。渠彌，禪海之名，言高山大海可爲險阻也。綱山，依山爲綱，而有牢國。」〔註40〕此外，尚有其他各種說法，如下：

《補音》云：「繯音患，賈、韋、唐、孔作環。今按：官私眾本皆作『環』，《舊音》出此『繯』字。李舟《切韻》音同。云：『周環也。』又按《說文》音胡畎反，若從患音，則胡慣反，若從環音，則戶關反。今韋本與諸儒同，即從環爲允。」〔註41〕

明人李元吉《讀書囈語》卷八云：「魯、衛不近海而言海，謂水所聚也。渠弭，水所流也。海有蔽，則軍不陷澤中。渠弭，表其漬之淺處，則軍利涉。環山有牢，軍行依高爲營有牢，則可就而喂馬牛也。如是，則可以爲地主人矣。」〔註42〕

劉台拱云：「此三者皆正封疆之事。渠弭，《管子》作『渠彌』，猶言渠眉也。渠者，於界上爲溝眉者，於溝上起土爲塓垺，所謂封也。此謂反其侵地，使得於有水之處爲溝封也。環山，界上之山可環繞以爲固者也。牢之爲言周遭也，反其侵地，使得於陵皐周遭之處環之以爲固也。」〔註43〕

段玉裁《說文解字注》：「《馬融傳》曰：『繯橐四野之飛征』李注引《說文》，又引《國語》『繯于山有牢』賈逵注云：『繯，還也。』按：還、環古今字，古用還不用環。《國語》『繯于山有牢』，今本訛作『環山于有牢』，韋注曰：『環，繞也。』『山』、『于』誤倒。『環』爲俗字，蓋非韋氏之誤，而淺人

〔註39〕（清）陳璥：《國語翼解》卷四，光緒間廣雅書局刊本，本卷頁6。
〔註40〕（清）陳厚耀：《春秋戰國異辭》卷一六，臺北：臺灣商務印書館1986年《景定文淵閣四庫全書》第403冊，頁349上。
〔註41〕（宋）宋庠：《國語補音》卷二，本卷頁8。
〔註42〕（明）李元吉：《讀書囈語》，上海古籍出版社2002年輯印《續修四庫全書》第1143冊，頁507上。
〔註43〕（清）劉台拱：《國語補校》，上海書店1988年版《清經解續編》卷二○八，頁985下。

轉寫所致也。知古書之貤繆不可知者多矣。」〔註44〕

姚鼐（1731～1815）《惜抱軒九經說》卷一七《孫叔敖舉於海說》云：「海于有蔽者，謂藪澤有蔽障以蓄其薪蒸，所謂鳩藪澤也。渠弭于有渚者，渠，川渠也。弭者，止也。水上有渚以蓄其魚鱉，所謂規堰潴也。環山于有牢者，以備齊師之餼牽，所謂度山林牧隰皋也。兼是三者，所以足為齊師行道主也。」〔註45〕

徐養原（1758～1825）《頑石廬經說》卷五《渤澥記》云：「勃海也，裨海也，海隅也，其實一也。」〔註46〕

王煦（1758～）《國語釋文》卷二云：「《尚書·禹貢》：『海岱惟青州。』《文選·子虛賦》：『其東陼巨海，故曰海濱渠弭者。』《楚語》：『騹馬繻以胡公入於貝水。』《水經注·具洋水篇》引作『具水』，袁宏道謂之具昧，王韶之謂之巨蔑，亦曰胸瀰。此云渠弭者，皆一水也。『渚』當依從《管子》作『陼』。牢者，《漢書》馬融《廣成頌》云：『皋牢山。』章懷注：『皋牢，猶牢籠也。』海濟東竟渠弭指濟河之漫溢者而言，即下『西至濟，北至河』是也。山即下『南至岱陰』是也。（岱，公序本作『餉』，今從《管子》）言反侵地以睦鄰，使皆為四封之捍衛也。」〔註47〕

王筠（1784～1854）《說文句讀》卷二一引桂馥云：「馥謂：『渠弭』即『巨昧』、『胸瀰』之異稱，亦與『洋』聲相近。《後漢書·耿弇傳》『追至鉅昧水上』注云：『鉅昧，水名。一名巨洋水。在今青州壽光縣西。』《九域志》：青州臨胊縣有洱水。《齊乘》云：洋水，今謂之洱河，出沂山西麓。」〔註48〕

吳曾祺（1857～1929）《補正》云：「渠以止水，故曰渠弭。弭，止也。」〔註49〕徐元誥《集解》引吳氏為說。又徐氏云：「《管子·小匡篇》蔽作『弊』，弭作『彌』，有渠作『河渠』，並誤。」〔註50〕

〔註44〕　（清）段玉裁：《說文解字注》，頁647上。

〔註45〕　（清）姚鼐：《惜抱軒九經說》，上海古籍出版社2002年輯印《續修四庫全書》第172冊，頁710上。

〔註46〕　（清）徐養原：《頑石廬經說》，上海古籍出版社2002年輯印《續修四庫全書》第173冊，頁368下。

〔註47〕　（清）王煦：《國語釋文》卷二，本卷頁19。

〔註48〕　（清）王筠：《說文句讀》卷二一，同治四年（1865）安邱王氏刊本，本卷頁22。

〔註49〕　吳曾祺：《國語韋解補正》卷六，上海：商務印書館1915年版，本卷頁5。

〔註50〕　徐元誥撰，王樹民、沈長雲點校：《國語集解》（修訂本），頁231。

馬建忠（1844～1900）《文通》云：「言『有蔽於海，有渚於渠弭，有牢於環山』也。」〔註51〕

俞志慧云：「『海於有蔽，渠弭於有渚，環山於有牢』三句係倒文，與《左傳》『國於何有』、『君於何有』、『土於何有』、『亡於不暇』、『室於怒，市於色』等相類，助詞『於』起幫助倒裝的作用。而『渚』與『牢』之義復與『蔽』互文見義，故『牢』字不當訓爲作爲名詞的養牲之所，而當訓爲動詞『防閑』之義。三句意謂使三國有大澤可爲天塹，有川流可作依傍，有四周的群山可藉以屏障。」〔註52〕

以上爲宋以來關於該問題之諸家說法。鄙意有不然者，略爲辨析如下。

《齊語》本句是和齊桓公「吾欲南伐，以何爲主」、「吾欲西伐，以何爲主」、「吾欲北伐，以何爲主」的三問相匹配，管仲三答「以魯爲主」、「以衛爲主」、「以燕爲主」，「反其侵地」之後皆有「使海於有蔽，渠弭於有渚，環山於有牢」。韋注以「主」爲供軍用者極是，即以魯、衛、燕三國作爲齊國向南、西、北伐的根據地或者稱之爲止息之地，故此「主」字義亦近於「駐」。今有以「主」爲依靠者，未如韋注更爲得義。「反其侵地」是使三國成爲「主」的前提條件，而「使海於有蔽，渠弭於有渚，環山於有牢」則言「主」的作用。三句中之「于」疑非介詞「于（yu）」，當爲「如」字之記音符號。審上古音介詞「于（於）」在影紐魚部，「于」在匣紐魚部，而「如」在日紐魚部，三字疊韻音近。然今山東汶上一帶方言中音「ru」之字尚讀爲「yu」。則「使海於有蔽，渠弭於有渚，環山於有牢」者，即「使海如有蔽，渠弭如有渚，環山如有牢」，「如」字爲比況類動詞，非如《文通》等之所謂爲倒裝也。郭沫若《集校》引安井衡（1799～1866）云：「於，爰也。」〔註53〕是亦意識到「於」非介詞之義。

「使海於有蔽，渠弭於有渚，環山於有牢」是整體對魯、衛、燕三國而言，並非一一對應，上述各家中圍於一一對應之理，故有曲爲之說者。

59. 有革車八百乘

【按】許本「乘」作「椉」。王引之云：「八當爲六，上文云五十人爲小

〔註51〕 （清）馬建忠：《馬氏文通》，北京：商務印書館1983年版，頁261。
〔註52〕 俞志慧：《國語韋昭注辨正》，北京：中華書局2009年版，頁97。
〔註53〕 郭沫若：《管子集校》，氏著《郭沫若全集・歷史編5》，頁553。

戎，積而至於三萬人，則六百乘矣。」〔註54〕徐元誥《集解》從王引之說，改「八」爲六。實韋注已言「或云，八當爲六」，即在韋昭時已有不同說法。「八百」或亦爲概數，非必求其確切。王說未必可從。

60.【注】其副貳陪從之車乎

【按】丁跋本「車」作「車」。

黃刊明道本及其覆刻本、寶善堂本、《補正》、《四部備要》本、《叢書集成初編》本、上古本「乎」作「也」，活字本、《集解》從公序本作「乎」，或當從公序本作「乎」。

61. 踰方城望汶山

【按】惠批：「即岷山。」唐李吉甫（758～814）《元和郡縣圖志》卷三二、南宋王正德《餘師錄》卷二即云：「汶山即岷山。」〔註55〕《管子》注本中字有作「文」者，與「汶」音同。審「岷」上古音在明紐真部，「汶」上古音在明紐文部，「真」、「文」準疊韻，是「岷」、「汶」二字音近同。董增齡《正義》引述《漢書・地理志》、《水經注》以證之。

62.【注】二國山戎之與也……令支今爲縣屬遼西孤竹之城存焉

【按】丁跋本、《鈔評》「之與」作「所居」。在基本古籍庫檢索到江永（1681～1762）《春秋地理考實》卷一引《齊語》韋注「之與」亦作「所居」，與丁跋本同，或即據丁跋本。然山戎與孤竹、令支並不在一地，實爲同盟關係，故丁跋本「所居」誤，當從《國語》多本作「之與」。

又丁跋本、許本、《鈔評》「爲」作「圍」，丁跋本「屬」作「及」，就文義上而言，恐仍以《國語》多本字作「爲」、「屬」爲是，丁跋本、許本「圍」、「及」二字不可通。

63.【注】海濱海北涯也

【按】丁跋本「北」誤作「水」。

〔註54〕（清）王念孫：《讀書雜誌・七・管子第四》，中國書店1985年版，頁101。
〔註55〕（唐）李吉甫撰，賀次君點校：《元和郡縣圖志》（下），北京：中華書局1983年版，頁811。（宋）王正德：《餘師錄》，臺北：臺灣商務印書館1986年版《景印文淵閣四庫全書》第1480冊，頁764下。

64.【注】攘卻也白翟赤翟之別種

【按】丁跋本、張一鯤本、《鈔評》、薈要本、道春點本、千葉玄之本、董增齡本、秦鼎本「卻」誤作「郤」，活字本、寶善堂本作「却」，黃刊明道本及其覆刻本、《補正》、《集解》字作「卻」。古書中「阝」、「卩」經常混同，故「卻」字雖誤作「郤」，但在具體語境中仍然不會產生誤會。「却」、「卻」之理與「郤」、「卻」之理同。

活字本、黃刊明道本及其覆刻本、寶善堂本等「翟」作「狄」。

又黃刊明道本及其覆刻本、寶善堂本、《補正》、《四部備要》本、《叢書集成初編》本、上古本「種」作「也」。《詳注》、《集解》從公序本作「別種」。作「也」、作「種」於義皆通，就表義的確定性上而言，以字作「種」更是。

65. 辟耳之谿

【按】惠批：「《管子》作『貉』，穢貉也。」與《齊語》不同。洪頤煊（1765～1837）《管子義證》卷三之八引王念孫云：「『貉』當作『谿』，《齊語》作『與辟耳之谿』，辟、卑古字通。《小問篇》云『未至卑耳之谿十里』即其證，尹注非。」〔註56〕「奚」、「豸」形近，「谷」、「各」形近，或因而致誤。

66. 西服沇沙

【按】活字本、許本、薈要本、文淵閣本、文津閣本、黃刊明道本及其覆刻本、董增齡本、寶善堂本、《補正》、《詳注》、《集解》、《四部備要》本、《叢書集成初編》本、上古本「沇」作「流」。《鈔評》正文作「沇」，注文作「流」，當統一爲「流」或「沇」。《正名要錄》云：「『沇』、『流』字形雖別，音義是同。古而典者居上，今而要者居下。」〔註57〕《正字通·水部》：「沇，俗『流』字。篆書『流』字從『㐬』作『𣹢』，訛作『𣸝』，『㐬』似『不』字，篆作『帀』，故誤以『沇』爲古『流』字。」〔註58〕可以備說。

〔註56〕（清）洪頤煊：《管子義證》，上海古籍出版社 2002 年輯印《續修四庫全書》第 970 冊，頁 527。

〔註57〕（唐）郎知本：《正名要錄》，上海古籍出版社 2002 年輯印《續修四庫全書》第 236 冊，頁 338。

〔註58〕（明）張自烈撰，（清）廖文英增：《正字通》，《續修四庫全書》第 235 冊，頁 7。

67.【注】諸矦戍周而城之事在魯僖十三年

　　【按】童本「戍」誤作「戎」。

　　丁跋本「十三」誤作「十二」。

68.【注】賞以大路龍旂桓公於絳辭之天子復使宰孔致之賈侍中云
　　反復也胙位也絳晉國都也晉獻公卒奚齊卓子死國絕無嗣

　　【按】童本「龍」誤作「尨」，「卓」誤作「車」。丁跋本「辭之」作「三
月」，「晉國」作「晉所」，「卓子」誤作「世子」，「死」誤作「奪」。丁跋本「三
月」或本自《左傳・僖公九年》，實當從《國語》多本作「辭之」。丁跋本「晉
所」也通，唯不與《國語》諸本同。且「絳」爲晉國都本爲確定性之事，故
以《國語》多本作「國」字更是。

　　惠批：「《管子》曰：『成周反胙于門宬。』」又曰：「致胙事在下，賈注示
是。」又王鐸云：「反胙與賜胙不同。」〔註59〕又京都藏本云：「胙，疑作
『祚』。」〔註60〕「胙」、「祚」可通，三家所疑非是。

　　又活字本、黃刊明道本及其覆刻本、寶善堂本、《補正》、《詳注》、《集解》、
《四部備要》本、《叢書集成初編》本、上古本「路」作「輅」，「路」、「輅」
音同可通。

69.【注】諸矦討晉至高梁使隰朋帥師

　　【按】童本「隰」作「�」。「濕」今簡化作「湿」，童本「�」字實與「湿」
字相類，亦當爲「隰」字之俗，《異體字字典》失收，當補。

70.【注】昭謂人君即位謂之踐胙

　　【按】丁跋本「人君」作「天子」，其他各本無作「天子」者，或丁跋
本以此處當爲周天子，故云，亦通。唯《國語》多本「人君」義較寬泛，
而丁跋本則更爲具體。然踐胙非天子一人之所有事，諸侯國君踐胙者也往
往有之，如下注文「又討晉亂，復其胙位」即是。故此處當以作「人君」爲
更合。

〔註59〕　（清）王鐸：《王覺斯批校國語讀本》，本卷頁15。
〔註60〕　（日）林信勝點校：《國語》，日本京都大學圖書館藏批校本，本卷頁15。

71.【注】又討晉亂復其胙位善之也按內傳宰孔於葵丘致胙肉賜命無辭讓反覆之文賈君得之唐從賈也

【按】童本「亂」作「乱」,「辭」作「辞」,「於」作「于」。

丁跋本「賜命」誤作「復命」,「唐從」誤作「宜從」。「唐從賈」者,蓋謂唐固從賈逵注,不必改爲「宜」,且《周語下》韋昭注亦嘗云「唐尚書從賈」。

又黃刊明道本及其覆刻本、寶善堂本、《補正》、《集解》、《四部備要》本、《叢書集成初編》本、上古本「按」作「案」。「按」、「案」用同。

72.【注】魯僖元年會于檉

【按】童本「會」絕大多數寫作「会」,「檉」寫作「桱」。

活字本「于」字處空格無字,當係漏刻。張一鯤本、道春點本、千葉玄之本、董增齡本、秦鼎本、《補正》、《詳注》、《集解》「于」作「於」。

黃刊明道本及其覆刻本、寶善堂本、《補正》、《四部備要》本、《叢書集成初編》本「元」誤作「九」,《詳注》、《集解》、上古本從公序本改作「元」。

73.【注】五年會于首止

【按】童本脫「首」字。活字本「年」、「于」字處空格無字,當係漏刻。

張一鯤本、道春點本、千葉玄之本、董增齡本、秦鼎本、《補正》、《詳注》、《集解》「于」作「於」。

74. 弢無弓服無

【按】金李本本行 25 字。惠批:「翳,《說文》引作『医』,云:『盛弓矢也。』」《集韻》等小學書中亦引《說文》之說爲說。郭沫若引維遹案云:「『翳』爲假借字,今『翳』行而『医』廢矣。」〔註 61〕拙著《小學要籍引〈國語〉研究》有詳辨,可參。

75.【注】謂首止之會會王太子而謀寧周也

【按】丁跋本「太子」誤作「人夫」。

〔註61〕郭沫若:《管子集校》,氏著《郭沫若全集・歷史編 5》,頁 565。

許本「寧」作「窜」，寶善堂本「寧」作「窜」。

76.【注】事祭事也

【按】丁跋本、許本無「也」字。

77.【注】且猶復也

【按】童本「猶」誤作「尤」。

78.【注】唐尚書云大路玉路非也

【按】惠批：「宋本無『玉路』二字。」黃刊明道本及其覆刻本、寶善堂本等無「玉輅」二字，與惠氏所謂宋本同。活字本、黃刊明道本及其覆刻本、寶善堂本等字皆作「輅」。「路」、「輅」音同可通。

79.【注】在莊公二十二年

【按】遞修本、活字本、張一鯤本、綠蔭堂本、道春點本、千葉玄之校本、童本、薈要本、文淵閣本、文津閣本、黃刊明道本及其覆刻本、董增齡本、秦鼎本等「二十」之「二」俱作「三」，是金李本、《叢刊》本字誤。

80.【注】莊三十二年封而遷之在魯僖元年

【按】丁跋本「莊」誤作「閔」，童本「遷」作「迁」。

81.【注】邢姬姓周公之後也

【按】童本「後」作「后」。

82.【注】淫見淫略也選數也

【按】童本「數」作「数」。

83.【注】廬寄也

【按】童本「廬」作「庐」。

84.【注】以衞之餘民立公孫申以寄于曹是為戴公在魯閔二年

【按】丁跋本「申」誤作「中」，「戴」誤作「載」。「申」、「中」形近易混，「戴」、「載」音近可通，或因而誤作。

活字本、黃刊明道本及其覆刻本、寶善堂本、《補正》、《詳注》、《集解》、《四部備要》本、《叢書集成初編》本、上古本「餘」作「遺」字。「餘」、「遺」義同。

85. 【注】而封之事在魯僖二年

【按】許本「二年」誤作「十二年」。

86. 是故諸矦歸之譬若市人

【按】惠批：「宋本無此四字。」黃刊明道本及其覆刻本、寶善堂本、《補正》、《集解》、《四部備要》本、《叢書集成初編》本、上古本與惠氏所謂宋本同，《非國語》亦無此四字。《詳注》從公序本。《集解》則謂「譬若市人」四字爲宋庠本注文〔註62〕，恐非。

又《鈔評》「歸」作「𡚼」。

87. 【注】奉藉也所以藉玉之藻也縷纂以縷織纂不用絲取易共也纂織也

【按】童本「縷」、「纂」爲「缕」、「蓁」，許本「藉」作「耤」。活字本、薈要本、文淵閣本、文津閣本、黃刊明道本及其覆刻本字亦作「蓁」。「纂」、「蓁」字同。詳見拙著《小學要籍引〈國語〉研究》。《鈔評》「纂織也」作「纂織文也」，增「文」字不辭。

88. 鹿皮四个

【按】許本「个」作「𠂎」，即「介」字，與「个」實同字。惠批：「四个，《管子》作『四分』，注作『分，散也』。」黃刊明道本及其覆刻本、董增齡本、寶善堂本、《補正》、《詳注》、《四部備要》本、《叢書集成初編》本即作「分」。汪遠孫《攷異》云：「『分』字誤，公序本作『介』。」汪氏所云公序本當即許本。汪氏《攷異》又引王引之說謂「介」俗字與「分」近似，故誤作，當作「介」。〔註63〕審王引之《經義述聞》以明道本「分」字、注「散」字爲「个」、「枚」之誤。王煦謂：「《管子》作『四分』（宋本同）。段玉裁曰：四分者，謂於卿大夫皆用皮。公序改爲『个』，誤也。煦按：『个』字既爲公

<hr>

〔註62〕 徐元誥撰，王樹民、沈長雲點校：《國語集解》（修訂本），頁239。
〔註63〕 （清）汪遠孫：《國語明道本攷異》，頁296。

序所改，則注『个，枚也』亦係竄入。」〔註64〕王煦說與王引之、汪遠孫不同。趙懷玉《校正國語序》以「个」字爲是〔註65〕。秦鼎云：「明本『四个』作『四分』，解云：『分，散也。』《札》：『《管子》亦作四分。四分者，謂於卿大夫皆用皮。』」〔註66〕實《管子》各本亦有作「介」者，郭沫若《集校》即定作「介」。《集解》、上古本則從公序本作「个」。

89.【注】垂言空而來也橐弢也

　　【按】童本「來」作「耒」，恐非「耒」字，實「来」字之俗，活字本、《鈔評》即作「来」。

　　又遞修本、活字本、丁跋本、許本、《鈔評》、黃刊明道本及其覆刻本、寶善堂本、《補正》、《詳注》、《集解》、《四部備要》本、《叢書集成初編》本、上古本「弢」作「囊」。《說文·橐部》：「橐，囊也。」《弓部》：「弢，弓衣也。」〔註67〕則「囊」、「弢」義不盡同。審各書故訓亦多訓「橐」爲「囊」，又從本文語境看，《國語》各本皆當從遞修本、活字本等訓「橐」作「囊」。

90.【注】許謂听其盟約

　　【按】遞修本、活字本、丁跋本、許本等《國語》其他各本「听」皆作「聽」，《鈔評》誤作「德」，是金李本俗字。《說文·口部》：「听，笑皃。」〔註68〕與「聽」義本不同，或因「厅」字音與「聽」同而以「聽」之俗體作「听」，「斤」、「厅」形近而混「听」作「听」。

91.【注】施惠廣也

　　【按】丁跋本、許本、《鈔評》「惠」作「利」，此當爲施惠，「利」字恐未盡當，當從《國語》多本作「利」。

92.【注】四塞諸夏之関也

　　【按】遞修本、活字本、丁跋本、許本、張一鯤本、《國語評苑》、薈要

〔註64〕　（清）王煦：《國語釋文》卷二，本卷頁21。
〔註65〕　（清）趙懷玉：《校正國語序》，氏著《亦有生齋文集》卷二，上海古籍出版社2002年輯印《續修四庫全書》第1470冊，頁23上。
〔註66〕　（日）秦鼎：《春秋外傳國語定本》卷六，本卷頁15。
〔註67〕　（漢）許慎：《說文解字》，頁128下、頁270上。
〔註68〕　（漢）許慎：《說文解字》，頁32上。

本、文淵閣本、文津閣本、道春點本、千葉玄之本、黃刊明道本及其覆刻本、綠蔭堂本、董增齡本、秦鼎本等「関」俱作「關」。「関」、「關」異體字。

93. 是故大國慙愧小國附協

【按】許本、《百家類纂》本、《鈔評》「附協」作「協附」，亦通。審《經濟類編》卷一四、《筠齋漫錄》卷三、高士奇（1645～1704）《左傳紀事本末》卷一八、《繹史》卷四四之一即引作「協附」，或即據許本。吳勉學本「協」作「恊」。

活字本、黃刊明道本及其覆刻本、寶善堂本、《補正》、《詳注》、《集解》、《四部備要》本、《叢書集成初編》本、上古本「愧」作「媿」，上古本「慙」作「慚」。

晉語第七

1. 【注】武公伐翼殺哀矦後膏滅翼矦……遂為晉祖

【按】丁跋本「膏」作「因」，丁跋本「因」字亦可通，唯與《國語》多本不同，或當從《國語》多本作「竟」。

又遞修本、丁跋本「晉」作「晉」，活字本、許本、閔齊伋本、綠蔭堂本、薈要本、文淵閣本作「晉」，金李本「晉」字或即「晉」字上面一橫墨脫，道春點本、千葉玄之本字即作「晋」，張一鯤本似誤作「晉」。

活字本「哀矦」之「矦」字處空格無字，當爲漏刻。

汪遠孫《攷異》謂《羣書治要》「殺」作「弒」，今參《羣書治要》多本，汪氏言是。張以仁《斠證》已指出今《國語》各本無作「弒」者。「殺」、「弒」之辨，詳見拙稿《〈國語補音〉異文研究》。

2. 生之族也故壹事之

【按】許本「壹」牽作「一」。汪遠孫《攷異》云：「公序本『壹』作『一』，注同。《文選・王儉・褚淵碑文》注引《國語》作『一』。」〔註1〕又《通鑑前編》卷一○、眞德秀《讀書記》卷一一、卷三三、《儀禮經傳通解》卷九等引字亦作「一」，「壹」、「一」相會爲義，且「一」書寫更爲簡易。此處董增齡本亦作「一」，張以仁已揭出。又上文即云「民生於三，事之如一」，則本文亦當從上文之例作「一」，前後不統一者，或亦可見《國語》早期傳本文字不同。

〔註1〕 （清）汪遠孫：《國語明道本攷異》，頁297。

又吳勉學本「族」作「族」,「失」、「矢」、「夫」形近,審敦煌俗字中「族」多作「族」,故「族」亦「族」字之俗。

3. 【注】秦曰驪邑漢高帝徙豐民於驪邑更曰新豐在京兆

【按】遞修本、活字本、丁跋本、許本、張一鯤本、《國語評苑》、薈要本、文淵閣本、文津閣本、道春點本、秦鼎本、千葉玄之本、黃刊明道本及其覆刻本、董增齡本等「徙」皆作「徙」,是金李本、《叢刊》本「徒」字誤。

又童本、千葉玄之校本「驪」作「驪」。「驪」爲「驪」俗字。

活字本、童本「豐」作「豊」,「豊」亦「豐」字俗體。

4. 【注】兆有二畫外象戎內象諸夏

【按】丁跋本、《鈔評》「二」誤作「捽」。張一鯤本、《國語評苑》、閔齊伋本、童本、閔齊伋本、綠蔭堂本、道春點本、千葉玄之校本、秦鼎本「二」誤作「一」,《太平御覽》卷七二六引字即作「二」,《禮書綱目》卷七三、《尙史》卷四六引亦誤作「一」,秦鼎謂:「一畫,明本作二畫。」〔註2〕字當作「二」。

又童本「畫」作「昼」,「昼」爲「畫」俗字,《宋元以來俗字譜》收之。

5. 對曰苟可以懤其入也必甘受逞而不知胡可壅也（胡何）

【按】金李本本行21字,童本與金李本同,許本20字。

《鈔評》「懤」作「憍」,活字本、寶善堂本「懤」作「攜」,黃刊明道本及其覆刻本、《補正》、《詳注》、《四部備要》本、《叢書集成初編》本、上古本「懤」作「攜」。「攜」亦「攜」俗字,黃刊明道本及其覆刻本亦「攜」、「攜」同現。《春秋臣傳》卷五字亦作「攜」,與活字本、黃刊明道本同。

6. 【注】則有大罰非但無肴也

【按】童本「無」基本上都寫作「旡」。

7. 抑君亦樂其吉

【按】許本「抑」率作「㧕」,辨已見前。

〔註2〕 （日）秦鼎:《春秋外傳國語定本》卷七,本卷頁2。

8. 【注】桀禹十七世后皐之孫

【按】童本「皐」誤作「罪」。

活字本、黃刊明道本及其覆刻本、寶善堂本、《補正》、《四部備要》本、《叢書集成初編》本、上古本「后」作「王」。《詳注》、《集解》從公序本作「后」。夏之君主稱「后」爲常例，故此處當作「后」。

9. 與膠鬲比而亡殷

【按】丁跋本、《鈔評》「亡殷」作「殷亡」，當係誤倒。審基本古籍庫中所收眾書，唯《經濟類編》卷五七引文與丁跋本同，或即據丁跋本及其相關版本。又京都大學藏本批校云：「穆作『殷亡』。」〔註3〕審萬曆二十年（1592）光裕堂本穆文熙《國語評苑》作「亡殷」不作「殷亡」，則京都大學藏批校本所指「穆」當爲穆氏《鈔評》本。

又《鈔評》「殷」作「𣪠」，《增廣字學舉隅》卷三謂「殷」作「𣪠」非，則知「𣪠」實亦「殷」俗字。

10. 襃姒有寵生伯服（伯服懵王也）

【按】丁跋本「姒」作「妙」，當爲脫誤。

遞修本、丁跋本、許本、童本、黃刊明道本及其覆刻本、《補正》、《詳注》、《四部備要》本、《叢書集成初編》本、上古本「懵」作「攜」，活字本、秦鼎本、寶善堂本作「攜」，點校本《集解》作「携」，千葉玄之校本作「懵」。秦鼎云：「攜王，舊作『懵王』，今從《內傳》、明本。」〔註4〕「懵」（「懵」）、「攜」（「攜」、「携」）字皆可通。

11. 逐大子宜咎（宜咎申后之子平王名也）

【按】遞修本、許本「宜」作「冝」，張一鯤本、《國語評苑》、吳勉學本、童本、綠蔭堂本、薈要本、道春點本、文淵閣本、文津閣本、千葉玄之校本、董增齡本「冝」作「宜」，活字本、黃刊明道本及其覆刻本作「冝臼」，《補正》、《詳注》、《集解》、《四部備要》本、《叢書集成初編》本、上古本「咎」亦作「臼」，下注同。《補音》「宜咎」注云：「本或作『臼』，古字

〔註3〕　（日）林信勝點校：《國語》卷七，京都大學圖書館藏批校本，本卷頁4。
〔註4〕　（日）秦鼎：《春秋外傳國語定本》卷七，本卷頁3。

通。」〔註5〕「咎」、「臼」音同可通。張以仁亦謂：「『臼』『咎』錯出，明二字古習通用也。」〔註6〕

又文淵閣本、道春點本、黃刊明道本及其覆刻本、董增齡本、千葉玄之校本「大」作「太」。

12. 【注】繒姒姓禹後也……幽王欲殺宜咎以成伯服求之於申

【按】童本「後」作「后」，「幽」、「於」作「㘞」、「于」，下注「周殺幽王於戲」同。「㘞」亦恐爲「囦」字之譌，因「囦」字亦寫作「图」，「氺」、「米」形近而混作。

《鈔評》「姒」誤作「似」。

活字本正文「繒」字誤作「繪」，注文則作「**繕**」不誤。黃刊明道本及其覆刻本、《補正》、《詳注》、《集解》、《四部備要》、《叢書集成初編》本、上古本「繒」作「鄫」。汪遠孫《攷異》云：「公序本『鄫』作『繒』，《補音》云：『繒，本或作鄫。』案：二字古通，《公羊》作『鄫』，《穀梁》作『繒』，《左》釋文云：『鄫亦作繒。』『鄫』本字，『繒』假借字，注竝同。」〔註7〕徐元誥《集解》云：「《史記》鄫作『繒』，《正義》引《括地志》云：『繒縣在沂州承縣，古侯國。』」〔註8〕可以備說。

13. 【注】應苔也往令告龜辭往伐驪也其兆離散不吉

【按】丁跋本「不吉」誤作「不告」。

薈要本、文淵閣本、文津閣本、綠蔭堂本、董增齡本、秦鼎本、寶善堂本、《補正》、《詳注》、《集解》、《四部備要》本、上古本「苔」作「答」。

京都大學藏本批云：「謂始唯卜伐驪，而龜先以其離散之應焉也。」〔註9〕亦可與韋注互證。

又活字本、黃刊明道本及其覆刻本、寶善堂本、《補正》、《四部備要》本、《叢書集成初編》本、上古本「令」後有「人」字，「吉」後有「也」字。有無「也」字皆通。汪遠孫《攷異》以明道本有「人」字爲衍，可從。《詳注》、

〔註5〕 （宋）宋庠：《國語補音》卷二，本卷頁10。
〔註6〕 張以仁：《國語斠證》，頁199。
〔註7〕 （清）汪遠孫：《國語明道本攷異》，頁297～298。
〔註8〕 徐元誥撰，王樹民、沈長雲點校：《國語集解》（修訂本），頁251。
〔註9〕 （日）林信勝點校：《國語》卷七，京都大學圖書館藏批校本，本卷頁4。

《集解》注從公序本。

14. 【注】跨猶據也

【按】童本「猶」字亦多作「犹」，「犹」爲「猶」俗字，今中國大陸以「犹」爲正體字。

活字本「跨」作「跨」，《鈔評》作「踦」，下同。「踦」、「跨」皆「跨」字之俗。

15. 若跨其國而得其君雖逢齒牙以猾其中

【按】童本、道春點本、秦鼎本「逢」作「逢」。

活字本「雖」作「雖」，《鈔評》作「雖」。

16. 夫三季王之亡也宜（……宜言其惑亂取亡皆其宜也）

【按】丁跋本「其宜」之「宜」作「宜」，童本、秦鼎本、寶善堂本等「宜」率作「宜」，黃刊明道本及其覆刻本多作「冝」。

17. 肆侈不違（肆極也……）

【按】丁跋本「肆」誤作「四」。

18. 無所不疚（無一處不以為病也）

【按】注「無一」之「無」，童本作「无」。

黃刊明道本及其覆刻本、寶善堂本、《補正》、《四部備要》本、《叢書集成初編》、上古本「病」作「疚」。上文「縱惑不疚」章注已釋「疚」爲「病」，則此處注文宜言「不以爲病」。

19. 【注】堪猶勝也言骨在口而猾以齒牙口不能勝也

【按】童本「猶」作「尤」。《宋元以來俗字譜》引《古今雜劇》「猶」作「尤」，《異體字字典》收爲「猶」之異體字。此恐當爲記音符號不表義，實爲別字。

20. 【注】刻器曰銘謂鍾鼎之戒也

【按】活字本「器」作「噐」。

丁跋本、張一鯤本、童本、《國語評苑》、文淵閣本、道春點本、千葉玄之本、黃刊明道本及其覆刻本、秦鼎本「鼎」作「鼑」。

又張一鯤本、道春點本、千葉玄之本、董增齡本、秦鼎本等「鍾」作「鐘」。

又黃刊明道本及其覆刻本、寶善堂本、《補正》、《詳注》、《集解》、《四部備要》本、《叢書集成初編》本、上古本「戒」後無「也」字。

又《集解》易「戒」爲「屬」。審韋注，「刻器曰銘」釋「銘」之一般義，而「鐘鼎之戒」釋「銘」之語境義。《詩・鄘風・定之方中》「卜云其吉」毛傳云：「作器能銘。」孔疏云：「銘者，名也。所以因其器名而書以爲戒也。」〔註10〕可爲韋注註腳，可證《集解》改字爲「屬」之誤。又韋注之「戒」與「誡」同。

21.【注】非得人眾不能自免於難衛州吁是也

【按】丁跋本「吁」誤作「吓」。

千葉玄之引友節曰：「非人，謂不肖之人也。韋注非也。恐不是韋注似有領解。」〔註11〕友節之說語頗不易解，言韋注非者亦恐不確。衛州吁爲衛國公子，弒君自立，復爲衛人所殺。《左傳・隱公四年》云：「公問於眾仲曰：『衛州吁其成乎？』對曰：『臣聞以德和民，不聞以亂……夫州吁阻兵而安忍，阻兵無眾，安忍無親，眾叛親離，難以濟矣。夫兵猶火也，弗戢，將自焚也。夫州吁弒其君而虐用其民，於是乎不務令德，而欲以亂成，必不免矣。』」是韋注之所本。

22.【注】用隱太子於岡山是也

【按】丁跋本「岡」誤作「固」。

文淵閣本、文津閣本、黃刊明道本及其覆刻本「隱」作「隱」。

23.【注】離歷也非有天命佑助不徒歷數長久若齊桓晉文天假之年

【按】許本「佑」作「右」，「歷數」之「歷」作「謀」。「謀」字亦可通，然不與《國語》各本同，或當依從《國語》各本。

〔註10〕（清）阮元校刻：《十三經注疏》，頁316下。

〔註11〕（日）千葉玄之校刻：《重修國語》卷七，本卷頁7。

遞修本、活字本、張一鯤本、薈要本、文淵閣本、文津閣本、道春點本、千葉玄之本、董增齡本、秦鼎本「徒」作「能」，「能」字更合語境。

又活字本、黃刊明道本及其覆刻本「若」前有「也」字。

活字本「數」作「数」、「晉」作「晋」。

黃刊明道本及其覆刻本、寶善堂本、《補正》、《詳注》、《集解》、《四部備要》本、《叢書集成初編》本、上古本「佑」作「祐」。「佑」、「祐」音同義通。

黃刊明道本、博古齋本「歷」作「厤」，寶善堂本作「厯」。「厤」字當是黃刊明道本所據抄本「歷」字脫「止」，此可作為黃刊忠於原鈔的證明，也正與其《札記》自序所云「其中字體前後有歧，不改畫一，闕文壞字亦均仍舊，無所添足」之語相合。

又黃刊明道本及其覆刻本、寶善堂本、《補正》、《集解》、《四部備要》本、《叢書集成初編》本、上古本「數」作「世（丗）」。審《國語》正文作「非天不離數」，則注文自當以字作「數」字為長，《詳注》從公序本作「數」。

24.【注】而以邪奪正

【按】許本「奪」作「敚」。

25. 吾觀君夫人也若為亂其猶隸農也（隸今之徒……）

【按】活字本、童本、文淵閣本、黃刊明道本及其覆刻本「隸」作「隸」，文津閣本、《補正》、《詳注》、《四部備要》本、《叢書集成初編》本、上古本作「隸」，寶善堂本作「隷」，薈要本注文字亦作「隸」。「隷」為「隸」字之俗。

26.【注】士蔿晉大夫劉累之後隰叔之子子輿也

【按】童本字作「晋」、「刘」、「隰」。

黃刊明道本及其覆刻本、寶善堂本、《補正》、《四部備要》本「輿」作「與」。汪遠孫《攷異》以公序本「輿」字為是，《詳注》、《集解》、《叢書集成初編》本、《國學基本叢書》本、上古本從公序本作「輿」。

27.【注】謂奚齊卓子惠公懷公至文公乃平

【按】童本「懷」作「怀」。《宋元以來俗字譜》收「怀」字，為「懷」

之俗字。

28. 【注】女子同生謂後生爲娣

【按】童本「後」作「后」。

29. 驪姬請使申生處曲沃以速縣

【按】丁跋本批：「縣，如『楚莊縣陳』之縣。」審清人朱亦棟《羣書札記》說與丁跋本批同。丁跋本批語或即本朱說。活字本、黃刊明道本及其覆刻本字「縣」作「懸」，黃刊明道本及其覆刻本「處」作「主」，則活字本、黃刊明道本與公序本不同。汪遠孫《攷異》謂：「公序本『主』作『處』，與『處蒲城』、『處屈』、『處絳』爲一例。」〔註12〕李慈銘（1830～1894）《讀書簡端記》用汪說而不注出。則公序本作「處」字更勝。

對於「以速縣」三字，解者紛紜，意見頗不一致。日本恩田仲任云：「縣，遠也。虞翻云『縣，縊也』，非。」〔註13〕秦鼎云：「『以速縣』三字當在下文『驪姬見申生而哭之』下，誤逬在此處也。」〔註14〕

此三字，我國學者亦有多種解說。明人李元吉《讀書囈語》卷八云：「『速縣』二字難解。余意當爲速督諸縣邑之治耳。註謂『疾縊死』，恐未然。」〔註15〕王懋竑謂此三字當爲衍文〔註16〕，趙懷玉（1747～1823）謂虞、韋之說爲不經〔註17〕。朱駿聲謂「縣」即宗邑，「速」字義爲「促」〔註18〕。朱亦棟《羣書札記》卷一云：「此『縣』字當如字讀，與『楚莊王縣陳』、『文王縣申息』之義同。即《左・閔元年》士蒍所謂分之都城也。二五言之於外，驪姬請之于內，故公許之。不得以後有新城雉經事（韋注『雉經，頭搶而縣死也』）預指申生之死立說也。虞說似誤。」〔註19〕王汝璧（？～1806）《芸簏偶存》卷一云：「方申生爲太子，獻公未即疑忌，姬亦不得猰之，故封之國以伺其間。是時固不能即死之也。按『速』與『肅』同，『縣』當讀如《周禮・

〔註12〕 （清）汪遠孫：《國語明道本攷異》，頁298。
〔註13〕 （日）恩田仲任：《國語備考》，頁10。
〔註14〕 （日）秦鼎：《春秋外傳國語定本》卷七，本卷頁9。
〔註15〕 （明）李元吉：《讀書囈語》卷八，頁507下。
〔註16〕 （清）王懋竑：《國語存校》，頁343下。
〔註17〕 （清）趙懷玉：《校正國語序》，氏著《亦有生齋文集》卷二，頁23下。
〔註18〕 （清）朱駿聲：《說文通訓定聲》，頁379上。
〔註19〕 （清）朱亦棟：《羣書札記》，頁11下。

正樂》『縣太子守宗廟而主祭器，故令其居桓叔之墟，肅將廟祀而守其樂縣』。尋下文『君之宗也，不可無主』可知，以太子守宗邑，蒲、屈備外藩，獻公不得不聽之。女戎之銜骨可畏也。共君雉經在伐翟以後，始封安得謂速縊耶？」〔註20〕王煦《國語釋文》云：「『縣』即『縣邑』之『縣』。下篇云：『曲沃，君之宗也。不可以無主。宗邑無主則民不威。』是速縣者，謂使太子主曲沃以肅羣縣也。觀下文『以儆無辱』語，文義自明。若以為速之使縊，則驪姬此時安知申生必死，且知其以縊而死乎？斯不然矣。」〔註21〕俞樾《羣經平議》卷二九云：「『速』當讀為『束』。以速縣者，以束縣也，使太子約束其所屬之縣大夫也。晉之大邑必有屬縣。昭三年《左傳》曰：晉之別縣不惟州，葢以州縣舊屬於溫，故云然。然則曲沃為晉宗邑，亦必有所屬之縣。太子居曲沃，則諸縣皆受其約束，故曰以束縣也。下文曰『宗邑無主，則民不威』，正其義矣。」〔註22〕皆謂「縣」非「懸」之古字。李慈銘則謂：「此文『以速縣，以儆無辱之故』，此二語皆有脫誤……此類，脫誤既久，不可強通。」〔註23〕又吳曾祺《補正》謂：「懸，絕也。姬使申生居外，欲公與之絕也。」〔註24〕沈鎔《詳注》從吳氏之說。徐元誥《集解》則謂「速縣」當訓「速遠」，「謂使申生主曲沃，以促之遠也。」〔註25〕金其源（1881～1961）、徐仁甫（1901～1988）亦謂「縣」當訓為「遠」。彭益林則謂俞樾之說似更長。則關於「以速縣（懸）」的解說中，「速」字的解說有五：（1）「速」作本字解；（2）「速」用同「束」；（3）「速」用同「肅」；（4）「速」用同「促」；（5）「速」義為遠。關於「縣（懸）」解說有四：（1）「縣」為縣城之縣；（2）「懸」為絕；（3）「縣」通「遠」；（4）「縣」為縊。另有秦鼎以字不誤而有錯簡之說。不從錯簡的角度考慮，就本文語境而言，謂使申生遠離更符合語境，則恩田仲任、金其源、徐仁甫等人之說皆更合。近人秦同培、葉玉麟譯文從吳說，馬達遠（1917～2006）釋「速縣」為「隔開」、「疏離」。審《晉語二》「驪姬見申生而哭之」文氣一體貫通，「以速縣（懸）」置於此處未通，故

〔註20〕（清）王汝璧：《芸麓偶存》，上海古籍出版社 2002 年輯印《續修四庫全書》第 1462 冊，頁 73 下。

〔註21〕（清）王煦：《國語釋文》卷三，本卷頁 3～4。

〔註22〕（清）俞樾：《羣經平議》，《續修四庫全書》第 178 冊，頁 470 上。

〔註23〕王利器輯纂：《越縵堂讀書簡端記》，天津人民出版社 1981 年版，頁 23。

〔註24〕吳曾祺：《國語韋解補正》卷七，本卷頁 3。

〔註25〕徐元誥撰，王樹民、沈長雲點校：《國語集解》（修訂本），，頁 255。

秦鼎說亦未是。

30. 【注】虞御史云速疾也縣繣也

【按】童本「疾」率作「疾」，又「繣也」下有「云」字，「云」當爲衍文。

31. 【注】晉時都絳也

【按】丁跋本「晉」作「晋」。

32. 子思報父之恥而信其欲

【按】張一鯤本、童本、《國語評苑》、綠蔭堂本、道春點本、千葉玄之本、黃刊明道本及其覆刻本、秦鼎本、寶善堂本「恥」作「耻」。京都大學藏本批云：「其欲，皆謂獻公之欲也。」〔註26〕此「其」字實指驪姬，非指獻公，批誤。

33. 從其惡心必敗國且深亂

【按】童本「深」率作「深」。

34. 【注】有義則利生豐厚也

【按】活字本、童本、《鈔評》「豐」作「豊」。「豊」爲「豐」之俗字。

黃刊明道本及其覆刻本、寶善堂本、《補正》、《集解》、《四部備要》本、《叢書集成初編》本、上古本注作「有義故生利也故豐厚也」，薈要本、文淵閣本、文津閣本注作「有義故生利故豐厚也」，綠蔭堂本、董增齡本注作「有義則生利故豐厚也」。「有義故生利」中「故」是表因果關係連詞，「有義則生利」中「則」是表條件關係連詞。秦鼎云：「義生利，見《周語中》。」〔註27〕審《周語中》首章云：「夫義，所以生利也。」故《晉語一》本處正文云「義以生利」，「義」是利產生的條件和基礎，「利」是「義」的一種存現形式和結果。是注文字作「則」、作「故」皆有理據，亦皆合於語義。又排印本《攷異》謂：「公序本作『有則生利』五字。」〔註28〕是有脫文，審振綺堂本、崇文本、

〔註26〕（日）林信勝點校：《國語》卷七，本卷頁8。
〔註27〕（日）秦鼎：《春秋外傳國語定本》卷七，本卷頁8。
〔註28〕（清）汪遠孫：《國語明道本攷異》，頁298。

《四部備要》本《攷異》「有」下俱有「義」字。但是汪氏所謂的公序本，今所參據者唯綠蔭堂本、董增齡本符合，則汪遠孫此處所據爲綠蔭堂本的明末清初刻本。

35.【注】烝冬祭也武公獻公之禰廟在曲沃

【按】童本「禰」誤作「彌」。

活字本、黃刊明道本及其覆刻本、寶善堂本、《補正》、《詳注》、《集解》、《四部備要》本、《叢書集成初編》本、上古本正文及注文「烝」皆作「蒸」。

關於《晉語一》「三大夫乃別烝（蒸）于（於）武公」合分問題，各本不同。以「烝（蒸）于（於）武公」別行分章的有遞修本、丁跋本、許本、金李本、張一鯤本、《國語評苑》、《鈔評》、綠蔭堂本、童本、吳勉學本、閔齊伋本、文淵閣本、道春點本、千葉玄之本、董增齡本、秦鼎本、林泰輔點校本、上古本，但是遞修本、丁跋本、許本、金李本、童本、《鈔評》、閔齊伋本「三大夫乃別」皆頂底格，故而「烝于武公」首起別行，是否就是分章，沒有任何標記，姑且歸入分章之列。林泰輔云：「烝，明本作『蒸』，今從宋本、董本。『烝于武公』以下，明本連上章。今從宋本爲別章。」〔註29〕可見林泰輔所言明本與秦鼎本同，皆指明道本而言，其所謂宋本未知何指。審《鈔評》、上古本等雖分爲兩章，立目則合有一個，《鈔評》對該二章的立目爲「荀息里克丕鄭論太子」，上古本的立目爲「獻公將黜太子申生而立奚齊」，李維琦的立目作「獻公將黜太子申生」。先不管各本立目是否合適，總之在立目的各本看來，實際上仍然合爲一章而非眞正分立爲兩章。三大夫之謀爲《晉語二》三大夫之行埋下伏筆，而申生之言也是爲後文申生的一系列行爲言語以至於在《晉語二》中自殺之事埋下伏筆的。當然，無論是三大夫之謀還是申生之言皆因獻公有廢黜申生的跡象引起，可是二者究竟不同，故當分章且皆別立名目。「三大夫之言」章篇目當如《鈔評》所立，而「申生之言」章則立目爲「申生論事君父」。

36. 對曰狀第之不安邪（第簀也）

【按】童本「第」誤作「策」，張一鯤本、道春點本、千葉玄之本、黃刊

〔註29〕　（日）林泰輔點校：《國語》，《國譯漢文大成》經史子集第六十八冊，東京：國民文庫刊行會大正十三年（1924）十月十六日第四版，頁 50。

明道本及其覆刻本「第」作「㐀」，薈要本、文淵閣本作「芿」，「㐀」爲「第」字之俗。

又《鈔評》「牀」作「牀」。

37. 有冒上而無忠下（冒抵冒言貪也）

【按】丁跋本、《鈔評》、薈要本「冒」作「冐」。

38. 君臣上下各厭其私以縱其回（厭足也回邪也）

【按】許本「厭」字本處未改，《鈔評》「厭」作「猒」、「私」作「私」。活字本、寶善堂本「厭」作「屬」，黃刊明道本及其覆刻本「厭」作「厴」。

又活字本、黃刊明道本及其覆刻本「回」作「囬」，文淵閣本「回」作「囬」。

39. 民各有心無所據依（據杖也）

【按】活字本、丁跋本、許本、《鈔評》、黃刊明道本及其覆刻本、董增齡本、寶善堂本、《補正》、《詳注》、《集解》、《四部備要》本、《叢書集成初編》本、上古本「杖」作「仗」，遞修本、張一鯤本、綠蔭堂本、薈要本、文淵閣本、文津閣本、道春點本、千葉玄之校本、秦鼎本則與金李本同。《儀禮經傳通解》卷一二引字作「杖」。《說文》有「杖」無「仗」，此或公序本多本字作「仗」字之由。「仗」、「杖」音同義通。當然，字作「仗」更能彰顯「據」的動詞性。

40.【注】不言讓其上也

【按】童本、《鈔評》「讓」作「讓」。

41. 郤叔虎將乘城（乘升也）

【按】許本「乘」作「乗」，董增齡本作「乗」。又《鈔評》「虎」作「虍」。

42. 公之優曰施通於驪姬（優俳也施其名也旁淫曰通）驪姬問焉曰吾

【按】《國語評苑》本行 24 字，黃刊明道本及其覆刻本本行 23 字，遞修本、金李本、童本、薈要本、文淵閣本、文津閣本、綠蔭堂本、董增齡本 21

字，許本、張一鯤本、道春點本、秦鼎本、寶善堂本 20 字，閔齊伋本 19 字，吳勉學本、千葉玄之本 18 字，活字本 17 字。

又《鈔評》「驪」、「淫」作「**驪**」、「**淫**」。活字本「驪」亦作「**驪**」。

43. 【注】鮮寡也言人自知其極則戒懼不敢違慢觀欲也

【按】童本「懼」作「惧」，「觀」作「覿」。遞修本、活字本、丁跋本、許本、張一鯤本、《鈔評》、綠蔭堂本、薈要本、文淵閣本、文津閣本、道春點本、千葉玄之本、黃刊明道本及其覆刻本、董增齡本、秦鼎本等「觀」作「覿」，是。朱起鳳《辭通》引《漢書・嚴安傳》「觀欲天下」云：「覿字作『觀』，形近義通。」〔註30〕自顏注等皆釋「觀」為「顯示」，宋玉珂且以《漢書》此處「觀」字為例說明：「觀後跟指物名詞，觀作使之被動用，義為使之被觀，也引申之為示。」〔註31〕和朱起鳳的理解不同。朱氏以「形近義通」，恐不可從。然金李本、童本、《叢刊》本韋注「觀（覿）欲」若從顏注等釋，亦非不可通。蓋諸公子皆知其人生最後權位的高度，則不敢顯示其非分之欲念。當然，未如「覿」字更與語境相合。「覿欲」即「覿覦」，《漢書》顏注已言之。

又《鈔評》「欲」作「**歆**」。

44. 【注】難謂欲殺三公子始先也

【按】丁跋本「先」作「皂」，「皂」實「皃」之別文，字誤。「始」當以「先」字釋之。

45. 【注】小心多畏忌精潔不忍辱也

【按】童本「畏」誤作「長」。

活字本、《鈔評》、黃刊明道本及其覆刻本、寶善堂本、《補正》、《詳注》、《集解》、《四部備要》本、《叢書集成初編》本、上古本無「也」字。

46. 【注】精銳近愚

【按】童本「愚」誤作「遇」。

〔註30〕 朱起鳳：《辭通》，北京：警官教育出版社 1993 年版，頁 358 上。
〔註31〕 宋玉珂：《古今漢語發微》，北京：首都師範大學出版社 2009 年版，頁 210。

47. 驪姬賂二五使言於公

【按】丁跋本批：「見《內傳》。」《左傳》在莊公二十八年。王鐸墨筆批云：「二五更是夥賊。」〔註32〕

黃刊明道本及其覆刻本、寶善堂本、《補正》、《詳注》、《集解》、《四部備要》本、《叢書集成初編》本本章和上章不分開。分與不分實皆有其理據，就其篇目之相對完整性而言，似以不分章爲更合語境。《鈔評》於優施獻策章立目爲「優施爲驪姬謀去太子」，於賂二五使言於公章立目爲「二五爲驪姬謀出三公子」。上古本立目爲「優施教驪姬遠太子」，但是在這個章目下分爲兩段。優施爲驪姬出謀早處三公子使知其極，爲難自申生始；驪姬賂二五，使太子申生、公子重耳與夷吾皆出晉國都，爲驪姬爲自己的兒子奚齊謀位贏得條件。所言實爲一事，唯對象不同。當然，因爲對象不同，具體行爲也不盡相同，且皆相對完整。所以分與合皆有其合理性。

48.【注】先公宗廟在焉

【按】童本「廟」作「庙」。

活字本、黃刊明道本及其覆刻本、寶善堂本、《補正》、《詳注》、《集解》、《四部備要》本、《叢書集成初編》本、上古本「公」作「君」，「先公」、「先君」所指同。

49. 晉之啟土不亦宜乎

【按】童本字作「晋」、「宜」，吳勉學本「宜」作「宜」，黃刊明道本及其覆刻本作「冝」。

50.【注】獻公十六年魯閔之元年魯嚴公十六年

【按】童本「嚴」作「嚴」，「嚴公十六年」之「十」誤作「平」。

活字本、黃刊明道本及其覆刻本、寶善堂本、《補正》、《詳注》、《集解》、《四部備要》本、《叢書集成初編》本、上古本「元年」之後有「也」字，「嚴」作「莊」。秦鼎本從黃刊明道本增「也」字。

51.【注】變更也

【按】童本「變」作「变」。

〔註32〕　（清）王鐸：《王覺斯批校國語讀本》卷一，本卷頁11。

52. （也）聲章過數則有釁有釁則敵入……

【按】金李本本行 19 字，丁跋本、童本下行注文「數則」在本行，足 20 字之數。

53. 【注】敵見隙而犯己

【按】丁跋本「犯」誤作「見」。

活字本、張一鯤本、綠蔭堂本、薈要本、文淵閣本、文津閣本、道春點本、千葉玄之本、黃刊明道本及其覆刻本、董增齡本、秦鼎本、寶善堂本、《補正》、《詳注》、《集解》、《四部備要》本、《叢書集成初編》本、上古本「己」後有「也」字。

54. 【注】凶猶凶凶凶恐懼也退卻也

【按】許本、張一鯤本、《鈔評》、薈要本、道春點本、千葉玄之本、綠蔭堂本、董增齡本「卻」誤作「郤」，黃刊明道本及其覆刻本「卻」作「卻」，活字本、《國語評苑》、寶善堂本作「却」。

遞修本、張一鯤本、《鈔評》等「退」作「退」。

活字本「凶凶」作「図卥」，「図」、「卥」亦「凶」字之俗。

55. 讒言彌興（彌益也）

【按】童本「彌」作「彌」。

56. 【注】無親無私親也

【按】丁跋本、許本「私」誤作「利」。

活字本、黃刊明道本及其覆刻本、寶善堂本、《補正》、《集解》、《四部備要》本、《叢書集成初編》本、上古本無「也」字，《詳注》則從公序本增「也」字。

57. 苛我邊鄙（皋落東山翟也苛擾也）

【按】丁跋本、活字本、張一鯤本、《國語評苑》、《鈔評》、道春點本、千葉玄之本作「邉」，「邉」為「邊」俗字。

童本「擾」作「擾」，「擾」為「擾」字省「心」字而成，亦「擾」字之俗，《宋元以來俗字譜》收之。

又《鈔評》「我」作「𢧵」、「鄙」作「鄁」。

活字本、黃刊明道本及其覆刻本、寶善堂本等「翟」作「狄」。

58. 又恐削封疆

【按】童本、《鈔評》「疆」作「彊」。

59. 君得其賴（信審也賴利也）

【按】丁跋本、活字本、張一鯤本、吳勉學本、《鈔評》、道春點本、綠蔭堂本、秦鼎本「賴」作「頼」。

60. 衣之偏裻之衣佩之金玦（裻在中左右……）

【按】童本「裻」作「裻」，《鈔評》「偏」作「徧」。辨詳見拙著《〈國語補音〉異文研究》。

61. 僕人贊聞之曰大子殆哉

【按】許本、《鈔評》「大」作「夫」，《經濟類編》卷一六引字即作「夫」，與許本同。「夫子」亦通，然未與《國語》眾本同，或當從《國語》眾本。活字本、薈要本、黃刊明道本及其覆刻本、寶善堂本、《補正》、《詳注》、《四部備要》本、《叢書集成初編》本、上古本「大」作「太」。

又《鈔評》「贊」作「賛」。

62. 雖盡敵其若內讒何

【按】童本「敵」作「敵」。《鈔評》「雖」作「雖」。

63. 【注】知微謂僕人贊也

【按】張一鯤本、童本、《國語評苑》、《鈔評》、薈要本、文淵閣本、道春點本、千葉玄之本「微」作「微」，文津閣本作「徴」。

活字本、黃刊明道本及其覆刻本「贊」作「賛」。

64. 【注】晉大夫先丹木之族右車右也

【按】丁跋本「車右」之「右」誤作「古」。

65. 先友曰中分而金玦之

【按】許本「友」率作「叐」，亦「友」字篆書「㕛」之直接楷化。

66. 【注】銑猶洒也洒洒寒皃

【按】活字本、丁跋本、張一鯤本、綠蔭堂本、文淵閣本、道春點本、千葉玄之本、董增齡本「皃」作「貌」。又董增齡本「也」字誤作「之」。

黃刊明道本及其覆刻本、寶善堂本、《補正》、《四部備要》本、《叢書集成初編》本、上古本作「銑猶灑灑寒也」。《詳注》作「銑猶灑也灑灑寒貌」，《集解》作「銑猶洒也。洒，寒貌」，皆從公序本而改。拙著《小學要籍引〈國語〉研究》、《〈國語補音〉異文研究》對於「銑」字有詳辨，可參。

67. 【注】握兵之要金玦之勢也

【按】許本「勢」率作「埶」。

68. 親以無灾又何患焉

【按】童本「焉」作「焉」。

《國語評苑》、吳勉學本、閔齊伋本、道春點本、千葉玄之本、黃刊明道本及其覆刻本、綠蔭堂本、董增齡本、秦鼎本、寶善堂本、《補正》、《四部備要》本、《叢書集成初編》本、上古本「灾」作「災」。吳勉學本「灾」、「災」同現。

69. 好內適子殆

【按】童本「適」作「適」。

70. 抑欲測吾心也

【按】許本「抑」作「卬」。

《鈔評》「欲」作「㱃」。